EL PODER DE LA ORACIÓN EN LA VIDA DEL CREYENTE

CHARLES SPURGEON

P.O. BOX 1138 TYLER, TX 75710-1138

Editorial JUCUM forma parte de Juventud con una Misión, una organización de carácter internacional.

Si desea un catálogo gratuito de nuestros libros y otros productos, solicítelo por escrito o por teléfono a:

Editorial JUCUM
P.O. Box 1138, Tyler, TX 75710-1138 U.S.A.
Correo electrónico: info@editorialjucum.com
Teléfono: (903) 882-4725
www.editorialjucum.com

El poder de la oración en la vida del creyente, Compilado y editado por Robert Hall

Versión Castellana: Antonio Pérez
Editado por: Miguel Peñaloza
Publicado por Editorial JUCUM
P.O. Box 1138, Tyler, TX 75710-1138 U.S.A.

Originalmente publicado en inglés con el título *The Power of Prayer in a Believer's Life.* Copyright © 1993 por Emerald Books. Publicado por Emerald Books, P.O. Box 635, Lynnwood, WA 98046 U.S.A.

A menos que se especifique, los textos bíblicos aparecidos en este libro han sido tomados de la Santa Biblia: Reina Valera 1960.

ISBN 978-1-57658-759-1

Tercera edición 2024

Impreso en los Estados Unidos

A mi hija
Ingerlisa

«Porque ¿cuál es nuestra esperanza, o gozo,
o corona de que me gloríe?
¿No lo sois vosotros,
delante de nuestro Señor Jesucristo, en su venida?
Vosotros sois nuestra gloria y gozo»
1 Ts 2:19, 20

Acerca del editor

ROBERT HALL es el seudónimo de Lance Wubbels, gerente y editor de Bethany House Publishers. Se interesó por la obra de Charles Spurgeon al iniciar una investigación para un proyecto editorial que requería la lectura dilatada de sus sermones. Descubrió un gran caudal de sermones clásicos, llenos de discernimiento práctico, bíblico, para todo creyente, escritos en un estilo perenne que los hace tan relevantes hoy como cuando fueron predicados. El editor ha seleccionado y presentado los escritos de Spurgeon para atraer a un amplio círculo de lectores, de suerte que uno de los grandes predicadores de todos los tiempos siga enriqueciendo la vida de muchos creyentes.

Acerca del autor

CHARLES HADDON SPURGEON (1834-1892), británico notable, conocido en su juventud como el «Predicador de los pantanos», fue uno de los predicadores más grandes de todos los tiempos. Fue pastor de una floreciente congregación rural hasta que en 1854 aceptó una invitación para pastorear la capilla londinense de New Park Street. Este edificio pronto se quedó pequeño, por lo que en 1859 se inició la construcción del Tabernáculo Metropolitano. Mientras tanto sus sermones semanales se imprimían y se vendían ampliamente —25.000 copias por semana en 1865—, y se traducían a más de veinte idiomas.

Spurgeon edificó el Tabernáculo Metropolitano hasta tener más de 6.000 fieles, y después sumó más de 14.000 miembros durante sus treinta y ocho años de ministerio en Londres. Con una voz clara, dominio del idioma, extenso conocimiento bíblico y amor profundo y sincero a Cristo, Spurgeon se convirtió en uno de los predicadores más notables de la historia. Se han conservado la friolera de 3.561 sermones suyos en sesenta y tres volúmenes, New Park Street Pulpit y Tabernáculo Metropolitano, de los que fueron seleccionados y editados los capítulos de este libro.

Se estima que Spurgeon predicó durante su vida a 10 millones de personas. Sigue siendo el predicador más leído de la historia. Hay más material suyo escrito, disponible, que de ningún otro autor cristiano, vivo o muerto. Sus sesenta y tres volúmenes de sermones destacan como la mayor colección de libros de un solo autor en la historia del cristianismo, y equivalen a veintisiete volúmenes de la novena edición de la *Enciclopedia Británica*.

Índice

Introducción

Se cuenta que cuando el predicador bautista inglés Charles Spurgeon falleció, en enero de 1892, unas sesenta mil personas le homenajearon en sus honras fúnebres, en los tres días que el féretro permaneció en el Tabernáculo Metropolitano. Una procesión de más de tres kilómetros acompañó al coche fúnebre, desde el Tabernáculo hasta el cementerio de Upper Norwood, a lo largo de cuyo recorrido se apostaron unas cien mil personas. La ciudad de Londres, extendida al sur del Támesis, guardó luto: las banderas ondearon a media asta y todos los comercios y tabernas cerraron. Fue una notable manifestación de afecto y respeto a un hombre considerado por sus semejantes —de ayer y de hoy— «Príncipe de los predicadores».

Un breve análisis de los primeros años de este típico inglés victoriano, cuya magistral predicación asombró a su generación, realza de manera notable los logros de su vida. Spurgeon no contó con ventajas ni privilegios, como una educación especial, o contactos con la aristocracia, que le pudieran haber allanado el camino a un ministerio fenomenal. Hijo de pastores inconformistas, Spurgeon pasó buena parte de su infancia en una pequeña población rural. Sus raíces y sus valores fueron, a lo largo de su vida, los de la Inglaterra agrícola y preindustrial. Su formación académica, según los cánones del siglo XIX, fue mediocre. No cursó estudios ministeriales formales y no asistió a la universidad. Cuando la iglesia de New Park Street de Londres le invitó a predicar por un periodo de prueba de seis meses, él pidió que ese espacio se redujera a solo tres, porque «la congregación podría rechazarme y yo no quisiera ser un obstáculo». Tal fue su humilde comienzo.

Y uno forzosamente se pregunta cuál pudo ser el secreto que infundió a Charles Spurgeon poder para predicar con tanta efectividad. Los que han estudiado su carrera, resaltan varios factores. En buena parte fue debido a la combinación de una voz agradable, un estilo elegante, dramático y cautivador, un compromiso total con la teología bíblica y una habilidad para dirigirse a las gentes de su tiempo y responder a sus necesidades más profundas. Sin duda, todos estos factores revistieron gran importancia. Pero no dan cuenta del ingrediente más importante.

Lewis Drummond, uno de sus biógrafos, ha señalado que, sobre todo, Spurgeon era un hombre de Dios. La anchura y la hondura de su espiritualidad fueron profundas. Sus primeros recuerdos y sus héroes fueron puritanos intrépidos, como John Bunyan, encarcelado por causa de su fe, cuyas vidas piadosas imitaría. Él solía citar místicos de la Edad Media, como también a William Law y otros gigantes espirituales del cristianismo europeo.

Y estaba consagrado a la oración. Cuando la gente visitaba el Tabernáculo Metropolitano, él les mostraba la sala de oración, situada en el sótano, donde siempre había gente de rodillas intercediendo por la iglesia. Luego el pastor les declaraba: «Aquí está la central de poder de esta iglesia». Este es, sin duda, el factor que mejor explica el éxito de Charles Spurgeon. Mientras lee los siguientes capítulos notará cuán a menudo Spurgeon solicitaba solemnemente a su congregación que intercediera por él. Las palabras del apóstol Pablo: «Hermanos, orad por nosotros», sonaron durante todo su ministerio, y el fruto de tales ruegos es evidente.

Del pasmoso índice de 3.561 sermones de Spurgeon que fueron registrados, sorprende el número de ellos dedicados a la oración. Un repaso somero del título de sus sermones revelaría que más de cien trataron el tema de la oración, pero un examen más detenido doblaría probablemente esa cantidad. Spurgeon fue un creyente que practicó una oración apasionada, dirigida por el Espíritu Santo. Las vívidas imágenes que describen el maravilloso trono de la gracia, ante cuyo privilegio Dios invita a los creyentes a apacentar, bien valen, por sí solas, este libro. Pero aunque Spurgeon animara encarecidamente a orar, conocía —de ahí que comentara— los conflictos de oración que todo creyente experimenta.

Le invito a leer estos doce capítulos repletos de discernimiento, con la misma atención que concedería a un pastor experimentado en quien usted confía plenamente. Carl F. Henry dijo de Charles Spurgeon algo pertinente a propósito de la oración: «Multitudes de cristianos aún beben las frescas aguas de la fuente de los mensajes victoriosos de Spurgeon. El mundo se detiene a mirar y escuchar su voz, y no sorprende que, a finales del siglo XX, esta fuente siga arrojando un caudal perdurable para bendecir a nuestra generación».

Una esmerada edición ha contribuido a ajustar el enfoque de estos sermones y a retener el sabor auténtico e imperecedero que encierran.

Él es Santísimo entre todos los reyes. El suyo es un gran trono blanco, inmaculado y claro como el cristal. «Ni las estrellas son limpias delante de sus ojos; ¿Cuánto menos el hombre que es un gusano?» (Job 25:5, 6). ¡Con qué humildad deberíamos acercarnos a Él! Desde luego, puedo tener confianza, pero no exenta de santidad. Puedo ser audaz, pero no impertinente. Nosotros aún estamos en la tierra, pero Él está en el cielo. Somos aún gusanos del polvo, pero Él es eterno. Antes que las montañas fueran formadas Él era Dios, y aunque todas las cosas creadas dejaran de existir, Él seguiría siendo el mismo. Mucho me temo que no nos postramos como debiéramos delante de la eterna Majestad. Pidamos al Espíritu de Dios que nos conceda la actitud debida y que cada una de nuestras plegarias sea un acercamiento reverente a la Infinita Majestad que está en las alturas.

1

El trono de la gracia

El trono de la gracia —Hebreos 4:16

Estas hermosas palabras coronan un versículo rebosante de misericordia: «Acerquémonos, pues, confiadamente al trono de la gracia, para alcanzar misericordia y hallar gracia para el oportuno socorro». Son una piedra preciosa engastada en oro. La verdadera oración es un acercamiento del alma al trono de Dios por el Espíritu de Dios. No consiste en articular palabras, ni sentir deseos, sino en adelantar los deseos de Dios, en acercar nuestra naturaleza a Dios nuestro Señor. La oración auténtica no es mero ejercicio mental ni oratoria. Es algo mucho más profundo: una transacción o intercambio espiritual con el Creador del cielo y de la tierra. Dios es un Espíritu invisible para el ojo mortal que sólo puede ser percibido por el hombre interior. Nuestro espíritu, engendrado por el Espíritu Santo cuando se produjo nuestra regeneración, discierne al Gran Espíritu, tiene intimidad con Él, le presenta sus peticiones y recibe de Él respuestas de paz. La oración es una empresa espiritual de principio a fin; su propósito y su meta no es llegar al hombre, sino a Dios.

Para cultivar este tipo de oración es necesario que obre el Espíritu Santo. Si la plegaria fuera sólo cuestión de labios, no haría falta más que tener aire en los pulmones. Si sólo fuera cuestión de deseos, el ser humano puede fácilmente sentir muchos deseos excelentes. Pero puesto que la oración es expresión de deseo espiritual y comunión del espíritu humano con el Gran Espíritu, es necesario que el Espíritu Santo esté presente para ayudarnos en nuestra debilidad y darnos vida y poder, de lo contrario, no será oración verdadera. Lo que se ofrezca a Dios tendrá rótulo de oración y forma externa de plegaria, pero carecerá de vida interior.

Además, el pasaje anterior deja claro que para que la oración sea aceptable es imprescindible la mediación del Señor Jesucristo. Así como la oración no será tal sin la intervención del Espíritu de Dios, tampoco será efectiva sin la mediación del Hijo de Dios. El gran Sumo Sacerdote no sólo atraviesa el velo por nosotros, sino que lo aparta totalmente gracias a su crucifixión. Hasta entonces, estamos separados del Dios vivo. El hombre que a pesar de la enseñanza de las Escrituras intenta orar sin la mediación del Salvador, ofende a la Deidad. El que se imagina que por su propio deseo natural —aún no rociado por la sangre preciosa— ofrece sacrificio aceptable a Dios, yerra. La oración sólo tiene poder delante del Altísimo cuando el Espíritu la forja en nosotros y el Cristo la presenta ante Dios.

Mi anhelo es guiar a su alma al Trono de la Gracia. Para ponderar este pasaje, se lo expondré como sigue: En primer lugar, *está el trono;* después, *la gracia*. Luego juntaremos los dos y tendremos la *gracia en el trono*. Poniéndolos en otro orden, veremos la soberanía manifestarse resplandeciente de gracia.

He aquí un trono

«El trono de la gracia». El aspecto más estimable de la oración es el acercarse a Dios como Padre. Pero Él no ha de ser considerado como uno de nuestros semejantes, ya que el Salvador ha dicho de su Padre «que estás en los cielos». Justo después, para recordarnos que nuestro Padre es infinitamente mayor que nosotros, Jesús nos enseña a decir: «Santificado sea tu nombre» (Mt. 6:9-10). Nuestro Padre ha de ser considerado Rey excelso, y cuando acudimos a Él en oración, no sólo nos acercamos a sus pies, sino también ante el trono del Gran Monarca del universo. El propiciatorio es un trono, nunca debemos olvidarlo.

Si siempre debemos tener presente que la oración da acceso a la corte de la realeza celestial, y que debemos comportarnos como cortesanos en presencia de una majestad ilustre, con certeza sabremos con qué actitud orar. Si la oración es la vía para acercarse al trono, queda claro entonces que nuestro espíritu debe adoptar una actitud de *humilde reverencia*. Cabe esperar que el cortesano que se acerca al monarca le rinda honra y homenaje. Si hay orgullo que no reconoce al rey y traición que se rebela contra el soberano, lo más prudente será no acercarse al trono. Que el orgullo muerda el freno a distancia, y la traición aceche en un rincón, porque solo la reverencia humilde puede acercarse al rey cuando está sentado y revestido en su manto de majestad.

En nuestro caso, el Rey ante el que nos presentamos es el más excelso de los monarcas, el rey de Reyes, el señor de Señores. Los emperadores no son sino sombra del poder imperial de nuestro Rey. Algunos dicen de sí mismos que son reyes investidos por derecho divino, pero ¿qué derecho divino tienen? El sentido común se mofa de su pretensión. Solo el Señor tiene derecho divino, y a Él solo pertenece el reino. Él es el único y bendito rey. Los reyes de la tierra suben a sus tronos y caen por voluntad de hombres o decreto de la providencia, pero Él solo es Señor, Príncipe de los reyes de la tierra.

Alma mía, cuida de postrarte siempre en su presencia. Si Él es tan grande, pon tu boca en el polvo, en su presencia, ya que Él es el más poderoso de los reyes. Su trono mueve el universo. El cielo le obedece alegremente, el infierno tiembla ante su mirada ceñuda, y la tierra está obligada a rendirle adoración, voluntaria o involuntariamente. Su poder puede crear o destruir. Alma mía, cerciórate de que cuando te acercas al Omnipotente, que es como fuego consumidor, te quitas el calzado de tus pies y le adoras postrado en humilde reverencia.

Él es Santísimo entre todos los reyes. El suyo es un gran trono blanco, inmaculado y claro como el cristal. «Ni las estrellas son limpias delante de sus ojos; ¿Cuánto menos el hombre que es un gusano?» (Job 25:5, 6). ¡Con qué humildad deberíamos acercarnos a Él! Desde luego, puedo tener confianza, pero no exenta de santidad. Puedo ser audaz, pero no impertinente. Nosotros aún estamos en la tierra, pero Él está en el cielo. Somos aún gusanos del polvo, pero Él es Eterno. Antes que las montañas fueran formadas Él era Dios, y aunque todas las cosas creadas dejaran de existir, Él seguiría siendo el mismo. Mucho me temo que no nos postramos como debiéramos delante de la Eterna Majestad. Pidamos al Espíritu de Dios que nos conceda la actitud debida y que cada una de nuestras plegarias sea un acercamiento reverente a la Infinita Majestad que está en las alturas.

Debemos presentarnos ante el trono con *devoción jubilosa.* Si un servidor ha sido favorecido por la divina gracia para estar con los que tienen el privilegio de frecuentar la corte celestial, ¿no habrá de sentirse contento? Quizás haya estado preso, pero ahora está delante de su trono. Podría haber sido apartado de su presencia para siempre, pero ahora se le permite entrar en el palacio real y se le concede audiencia, solo por gracia, en su cámara secreta. ¿Cómo no ha de estar agradecido? ¿No ascenderá su gratitud gozosa y no se sentirá cual vasija receptora de grandes favores cuando se le permite orar? ¿Por qué, pues, está triste su rostro cuando comparece ante el trono de la gracia? Si estuviera delante de un trono de justicia para ser castigado por sus pecados, bien podrían sus manos estar caídas. Pero ahora que ha sido agraciado para presentarse delante del rey, ceñido en esplendorosa túnica de amor, su rostro tiene que resplandecer con sagrada delicia. Si su aflicción es grande, cuéntesela a Él, pues Él puede consolarle. Si sus pecados se han multiplicado, confiéseselos, porque Él puede perdonarlos. Oh cortesanos que rondan el palacio del gran monarca, alégrense en gran manera y mezclen sus súplicas con alabanzas.

Cada vez que uno se acerque a este trono, ha de hacerlo en *completa sumisión.* Pues no ora a Dios para indicarle lo que Él debe de hacer; ni por un instante debe presumir que es capaz de dictar el método a la divina operación. Desde luego, podrá rogar a Dios: «Quiero que se me conceda esto», pero siempre deberá añadir: «Sin embargo, sabiendo que puedo estar equivocado, y que todavía estoy en la carne, no se cumpla mi voluntad, sino la tuya». Porque ¿quién puede atreverse a dar órdenes ante el trono? Ningún hijo fiel de Dios se imaginará, ni por un momento, que puede ocupar el lugar del Rey, sino que se inclinará ante Quien tiene derecho a ser Señor de todos. Y aunque manifieste su deseo sincero, apasionado, importunamente, e implore y vuelva a implorar, no obstante, lo hará siempre con la debida reserva: «Hágase tu voluntad, mi Señor; y si te pido algo que no te agrada, mi deseo más profundo es que seas amable conmigo y me lo niegues. Siempre aceptaré como respuesta apropiada el que rehúses concederme lo que no te parece conveniente». Si recuerdo esto constantemente, estaré menos inclinado a forzar ciertos deseos ante su trono. Pues debo discernir si «estoy buscando mi propia comodidad, tranquilidad y ventaja, y pidiendo lo que deshonra a Dios; Por lo tanto, me someteré profundamente al decreto divino».

Si es un trono, uno deberá acercarse con *grandes esperanzas*. Ya que no acude, por así decirlo, a la rogativa solamente para que Dios dispense favor a su pobreza, ni a la puerta trasera de la casa de misericordia para recibir las sobras, aunque sería mucho más de lo que se merece. El comer de las migajas que caen de la mesa del Señor es más de lo que uno tiene derecho a pedir. Pero cuando ora, se halla de pie en el palacio, pisando el suelo resplandeciente de la sala de recepciones del gran Rey, donde los ángeles se postran con rostros cubiertos, donde el querubín y el serafín adoran, ante el mismo trono al que ascienden sus oraciones. ¿Y hemos de acercarnos nosotros con peticiones enclenques y fe estrecha y encogida? Él es un rey que distribuye gruesos lingotes de oro, que ofrece «banquete de manjares suculentos… de vinos purificados» (Is 25:6). Imagínese que los pensamientos de Dios son sus pensamientos y que los caminos de Dios son los suyos (Is 55:8). No presente delante de Dios peticiones parcas ni deseos canijos, sino recuerde que, tan altos como los cielos sobre la tierra son sus caminos, y sus pensamientos, infinitamente superiores a los nuestros. Por tanto, pida grandes cosas, como corresponde a la magnanimidad soberana, porque está delante de un trono excelso. Que a Dios plegue que siempre sintamos tal cual al acudir delante del trono de la gracia, porque entonces Él hará por nosotros «cosas mucho más abundantemente de lo que pedimos o entendemos» (Ef 3:20).

La actitud apropiada para acercarse al trono de la gracia es la *confianza inalterable*. ¿Quién dudará del Rey? ¿Quién se atreve a cuestionar la palabra imperial? Alguien ha dicho, con razón, que si la integridad fuera desterrada del corazón humano, aún perviviría en el corazón de los reyes. La mentira es una deshonra para un monarca. El mendigo más mísero que recorre las calles sufre deshonra cuando quebranta una promesa. ¿Qué cabe decir, entonces, del rey en cuya palabra no se puede confiar? Deberíamos avergonzarnos de nuestra incredulidad ante el rey del cielo y de la tierra. Teniendo delante de nosotros a Dios en toda su gloria, sentado en el trono de la gracia, ¿se atreverá nuestro corazón a afirmar que desconfía de Él? ¿Podremos siquiera imaginar que Él no puede —o no quiere— cumplir su promesa? Sean expulsados tales pensamientos blasfemos, y si nos pasan por la cabeza, que sea cuando vagamos por los confines de sus dominios (si es que existen), pero nunca en el cuarto de oración. En su presencia inmediata, en la plenitud de la gloria de su trono de gracia, es ciertamente donde el hijo debe confiar en su Padre, el súbdito leal en su Monarca. Por lo cual, aléjese del trono toda vacilación y sospecha. La fe firme debe prevalecer delante del propiciatorio.

Si orar es presentarse ante el trono de Dios, siempre debería procederse con *profunda sinceridad* y con una actitud auténticamente *genuina*. Si uno es desleal y desprecia al Rey, por su propio bien, no se mofe delante de su rostro ni se atreva a presentarse ante él. Si comete la gran osadía de proferir palabras repetitivas, insinceras, con barniz de santidad, que no sea en el palacio de Yahvé. Si una persona solicitara audiencia con el rey y luego dijese «No sé porque he venido ni tengo nada concreto que pedir», ¿no sería culpable de necedad? En cuanto a nuestro gran Rey, cuando nos aventuramos a entrar en su presencia, tengamos un propósito claro. Guardémonos de jugar a la oración; es insolencia para con Dios.

Si se me invita a orar en público, no debo atreverme a usar palabras que agraden el oído de los presentes, sino que he de darme cuenta que estoy hablando con el mismo Dios, y que tengo un asunto que tratar con el egregio Señor. Y en mi oración privada, si doblo mis rodillas y repito ciertas palabras, antes pecaré que haré nada bueno, a menos que mi alma se dirija al Altísimo.

¿Cree usted que el Rey del cielo se deleita en oírle pronunciar palabras frívolas con mente que divaga? En tal caso no le conoce. «Dios es Espíritu; y los que le adoran, en espíritu y en verdad es necesario que adoren» (Juan 4:24). Si usted acostumbra a parlotear de manera hueca, vaya y derrame su verborrea ante necios como usted, pero no delante del Señor de los ejércitos. El Dios, que es Espíritu, busca adoradores espirituales, y sólo a ellos aceptará. «El sacrificio de los impíos es abominación a Jehová; mas la oración de los rectos es su gozo» Pr 15:8).

La suma de todas estas observaciones es ésta: la oración es un acto eminente y elevado, un privilegio excelso y maravilloso. En el antiguo imperio persa, un puñado de escogidos estaba autorizado para comparecer en cualquier momento ante el emperador, lo cual era considerado el mayor privilegio que podía gozar un mortal. Usted y yo, el pueblo de Dios, tenemos permiso para presentarnos ante el trono celestial cuando lo deseemos, y se nos anima a hacerlo con gran intrepidez. Pero no olvidemos nunca, que no es cosa nimia ser cortesano en el palacio del Rey de cielos y tierra, para adorar a Aquel que nos hizo y nos sostiene. Ciertamente, cuando uno se acerca a orar, puede oír la voz que desciende de la gloria excelsa que le dice: «Arrodíllate». De todos los espíritus que contemplan el rostro de nuestro Padre que está en el cielo oigo una voz que resuena: «Venid, adoremos y postrémonos; arrodillémonos delante de Jehová nuestro Hacedor. Porque Él es nuestro Dios; nosotros el pueblo de su prado, y ovejas de su mano… Adorad a Jehová en la hermosura de la santidad; temed delante de él, toda la tierra» (Sal 95:6-7; 96:9).

He aquí la gracia

Para que el brillo y el resplandor de la palabra *trono* no sean excesivos en la visión de un mortal, el texto que nos ocupa nos ofrece el suave y gentil destello de la deliciosa palabra *gracia*. Somos llamados al trono de la *gracia*, no al trono de la ley. El rocoso Sinaí fue en un tiempo el trono de la ley, cuando Dios se presentó en Parán con diez mil de sus santos. ¿Quién se atrevió a acercarse a ese trono? Israel no se atrevió. Se establecieron límites alrededor del monte, de suerte que si una bestia o un hombre lo tocaban, debían ser apedreados o asaeteados (Ex 19:13). Los fariseos que se creen justos, capaces de obedecer la ley y ser salvos por ella, que contemplen las lenguas de fuego que vio Moisés, tiemblen y desesperen. No nos acercamos a ese trono, porque, gracias a Jesús, el caso ha cambiado. Para la conciencia lavada en la preciosa sangre, hay gracia en el divino trono.

No vamos a hablar del trono de justicia. Todos compareceremos delante del trono de Dios, y los que hemos creído hallaremos que el suyo es un trono de gracia y de justicia. El que está sentado en el trono no pronunciará sentencia de condenación contra el ser humano justificado por fe. Aún no ha llegado la hora en que la trompeta de resurrección suene clara y estridentemente. Tampoco vemos aún a los ángeles con sus vengativas espadas viniendo a aplastar a los enemigos de Dios. Tampoco se han abierto las grandes puertas del abismo para tragarse a los enemigos que no querían que el Hijo de Dios reinase sobre ellos.

Aún pisamos el terreno de la oración y la súplica a Dios, y el trono al que se nos convoca es el trono de la gracia. Es un trono establecido para dispensar gracia y todo lo que en él se decreta es manifestación de gracia. El cetro que desde él se extiende es el cetro plateado de la gracia.

Los decretos que desde él se proclaman contienen propósitos de gracia. Los dones que se esparcen por sus dorados peldaños son dones de gracia, y el que se sienta en el trono es la gracia misma. El trono de la gracia es una poderosa fuente de estímulo para todos los hombres y mujeres que se acercan a orar.

Si acude en oración ante el trono de la gracia, *los defectos de su oración* serán pasados por alto. Cuando comience a orar podrá sentir que no ha orado en absoluto. Cuando enderece sus rodillas, pensará que los gemidos de su espíritu no son nada. ¡Qué turbias, borrosas y tiznadas le parecerán sus palabras! Pero no importa, no se ha acercado al trono de justicia. Dios no percibe sus fallos en la oración, ni la desprecia. Sus palabras entrecortadas, sus suspiros y su tartamudeo llegan ante un trono de gracia. Cuando uno cualquiera presenta su mejor oración delante de Dios, si la viera como Dios la ve, qué duda cabe que se lamentaría sobremanera. Hay suficiente pecado en la mejor oración jamás enunciada para merecer ser apartada lejos de Dios.

Pero el trono no es un trono de justicia, y hay esperanza para nuestras súplicas torpes y mutiladas. Nuestro benévolo rey no mantiene una estricta, encumbrada etiqueta en su palacio como las que observan los príncipes humanos, ante los cuales el más mínimo error o defecto de protocolo es suficiente para que la petición del suplicante sea denegada. No, Dios no juzga severamente el clamor defectuoso de sus hijos. El Alto Representante en el palacio celestial, nuestro Señor Jesucristo, se ocupa de corregir y enmendar cada oración antes de presentarla a su Padre. Con su perfección hace apta cada plegaria, aceptable por sus propios méritos. Dios acepta la oración que se presenta a través de Cristo y perdona todos sus defectos intrínsecos. ¡Cómo debería animar esto a todo el que se siente frágil, descaminado y torpe para orar! Si ya no puede rogar a Dios como solía hacerlo hace años, si siente que de una u otra manera se ha oxidado en la faena de la súplica, no se rinda. Acuda a Él con más frecuencia, pues no se acerca a un trono de crítica rigurosa.

Y puesto que es un trono de gracia, *los defectos del demandante no impedirán el éxito de su plegaria*. ¡Oh, cuántos defectos tenemos! ¡Cuán incompetentes somos para acudir ante el trono divino con nuestras imperfecciones! ¿Se atrevería a orar usted si no fuera porque el trono de Dios es un trono de gracia? No lo sé, pero le confieso que yo no. Un Dios absoluto, infinitamente justo y santo, no podría, conforme a su naturaleza divina, contestar la oración de un pecador como yo si no hubiera concertado un plan por el que mi oración ya no asciende hasta un trono de absoluta justicia. Pues me acerco a un trono que es también propiciatorio y propiciación, el lugar donde Dios de encuentra con los pecadores a través de Jesucristo.

Yo no podría instarle a «orar», ni siquiera a los santos, a menos que sea un trono de gracia. Pero ahora puedo anunciárselo a todo pecador, aunque se considere el peor que haya jamás existido: clame al Señor y búsquele mientras pueda ser hallado. Un trono de gracia es un lugar adecuado para usted. Preséntese ante su Salvador sólo con fe, ya que Él es el trono de la gracia. En Él Dios puede dispensar gracia al ser humano más culpable. Bendito sea Dios, porque ni los defectos de la oración ni los del suplicante impiden que sus plegarias lleguen al Dios que se deleita en acoger corazones quebrantados y contritos.

Si es un trono de gracia, *se comprenderán los deseos del suplicante.* Si éste no puede encontrar palabras adecuadas para expresar sus deseos, Dios en su gracia los interpretará. Él entiende lo que quieren decir sus santos, capta el significado de sus gemidos. Si éste no fuera un trono de gracia no se molestaría en oír nuestras peticiones. Pero Dios, que es infinitamente misericordioso, penetrará en lo más recóndito de nuestros deseos y verá que no podemos emitir palabras. ¿Se ha fijado alguna vez en el padre que conoce perfectamente lo que su hijito le quiere decir? Del mismo modo, el bendito Espíritu Santo, desde el trono de la gracia, nos ayudará y nos enseñará las palabras que debemos usar, y aun escribirá en el corazón los anhelos convenientes. Las Escrituras abundan en ejemplos en los que Dios pone palabras en boca de pecadores: «Llevad con vosotros palabras de súplica, y volved a Jehová, y decidle…acepta el bien» (Oseas 14:2). Renuncie a toda iniquidad y Él, por su gracia, pondrá los deseos y la expresión de ellos en su espíritu. Él dirigirá sus deseos hacia las cosas que usted debe buscar. Le mostrará cuáles son sus verdaderas necesidades, aunque usted ni siquiera las conozca. Le sugerirá sus promesas para que pueda reclamarlas. A decir verdad, Él será el Alfa y la Omega de su oración, así como lo es de su salvación. Lo mismo que la salvación es de principio a fin por gracia, así también el acercamiento del pecador al trono de la gracia es por gracia de principio a fin. ¡Qué consuelo tan inmenso! ¿No nos acercaremos resueltamente a su trono buscando el dulce significado de estas palabras preciosas, «trono de gracia»?

Si es un trono de gracia, serán suplidas todas las necesidades de los que a él se acercan. El Rey que está en ese trono no dirá: «Deberás traerme dones y sacrificios». No es un trono donde se recibe tributo; es un trono donde se otorgan regalos. Acuda, pues, usted que es la pobreza en persona, sin ningún mérito, desprovisto de virtudes, reducido a la bancarrota del mendigo por la caída de Adán y por sus propias transgresiones. Este no es un trono de majestad que se sustente con el tributo de sus súbditos, sino un trono que se glorifica a sí mismo cual fuente de cuyos caños fluyen buenas cosas. «Venid, comprad sin dinero y sin precio, vino y leche» (Is 55:1). Todas las peticiones del suplicante serán suplidas porque es un trono de gracia.

Del mismo modo, serán compadecidas todas las aflicciones del peticionario. Cuando yo me acerco al trono de gracia con la carga de mis pecados, hay Uno en el trono que sintió la carga del pecado hace mucho tiempo y no ha olvidado su peso. Cuando llego cargado de tristeza, hay Uno que conoce todas las tristezas que pueden afligir a la humanidad. ¿Estoy deprimido y afligido? ¿Temo que el mismo Dios me haya abandonado? Hay Uno en el trono que exclamó: «Dios mío, Dios mío, ¿por qué me has desamparado? (Mt 27:46). Es un trono desde el que la gracia se deleita en contemplar las tristezas de la humanidad con mirada compasiva: las considera y las alivia. Acuda entonces, usted, que además de pobre es desdichado, cuyas aflicciones le hacen anhelar la muerte, a pesar de temerla. Ustedes, los cautivos, vayan con sus cadenas; los esclavos, vayan con los hierros que oprimen sus almas: los que están en tinieblas, vayan con su ceguera. El trono de gracia le mirará si usted no es capaz de mirarlo y le dará, aunque usted no tenga nada que ofrecer a cambio, y le librará, aunque usted no pueda ni mover un dedo para librarse a sí mismo.

«El trono de la gracia». Estas palabras crecen mientras las considero. Es un pensamiento delicioso que si acudo al trono de Dios en oración, aunque perciba que tengo mil defectos, aún hay esperanza. Normalmente me siento más insatisfecho con mis plegarias que con cualquier otra cosa que haga. Creo que es difícil orar en público y conducir debidamente la devoción en una gran congregación. A veces se alaba a las personas que predican bien, pero si alguien está capacitado para orar bien, tendrá un don equivalente y una gracia más elevada. Pero suponga que sus oraciones adolecen de conocimiento: es un trono de gracia, y nuestro Padre sabe que tenemos necesidad de estas cosas. Suponga que adolecen de fe: Él ve nuestra poca fe y aun así no la rechaza. No concede siempre sus dones conforme a la medida de fe de cada cual, sino según la sinceridad y la autenticidad de la misma. Y aunque hubiere defectos de gracia en el espíritu y falta de fervor o de humildad en la oración, pese a todo, la gracia pasa por alto todo ello, lo perdona todo, y extiende su mano misericordiosa para enriquecernos conforme a nuestras necesidades. Esto debería inducir a orar a muchos que no oran y a los que están desde hace mucho acostumbrados al arte consagrado de la oración a acercarse con más audacia que nunca al trono de la gracia.

Gracia entronizada

¿Quién está sentado en ese trono? La gracia personificada en su dignidad. Ciertamente, la gracia está hoy en el trono. En el evangelio de Jesucristo la gracia es el atributo predominante de Dios. ¿Cómo es tan exaltada? Respondemos que la gracia *ha conquistado* el trono. La gracia descendió a la tierra en la persona del Señor Jesucristo, y se encontró con el pecado. Larga y encarnizada fue la lucha, y la gracia pareció haber sido aplastada por el pecado. Pero la gracia por fin prevaleció sobre él y se lo echó a sus espaldas; y aunque agobiada bajo el peso de esa grave carga, la gracia acarreó el pecado hasta la cruz, lo clavó sobre ella, lo destruyó para siempre y triunfó gloriosamente. Por ello, en esta hora, la gracia está sentada en el trono, porque ha vencido al pecado del hombre, ha satisfecho el castigo de la culpabilidad humana y ha derrotado a todos sus enemigos.

La gracia, además, está sentada en el trono porque se ha instalado en él por *derecho* propio. No hay injusticia en la gracia de Dios. Él es tan justo cuando perdona a un pecador como cuando lo arroja al infierno. Yo creo que hay tanta —y tan pura— justicia en la aceptación de un alma que cree en Cristo como la habrá en el rechazo de las almas que mueren impenitentes y son apartadas de la presencia de Yahvé. El sacrificio de Cristo ha hecho posible que Dios «sea el justo, y el que justifica al que es de la fe de Jesús» (Ro. 3:26). El que entienda la palabra *sustitución* verá que ningún creyente adeuda nada en concepto de justicia punitiva, ya que Jesús ha satisfecho todas las deudas del creyente. Dios sería injusto si no salvara a aquellos por quienes Cristo sufrió vicariamente, para los que proveyó justicia y a quienes les fue imputada. La gracia está en el trono por conquista y lo ocupa por derecho.

La gracia esta entronizada hoy porque Cristo ha consumado su obra y ha ascendido al cielo. La gracia está entronizada *en poder*. Cuando hablamos de su trono queremos decir que tiene un poder sin límites. La gracia no se sienta en el escabel de Dios, ni de pie en sus atrios, sino en el trono como rey. Esta es la dispensación, el año de la gracia. «Así también la gracia reine por la justicia para vida eterna» (Ro 5:21). Vivimos en la era del reinado de la gracia: «Por lo cual puede salvar también perpetuamente a los que por él se acercan a Dios, viviendo siempre para interceder por ellos» (Heb 7:25). Si usted se encontrara con la gracia como si fuera un mercader con un tesoro en las manos, le aconsejaría que cultivase su amistad: le enriquecería en tiempos de pobreza. Si usted contemplase la gracia como a un semejante en el cielo, en extremo exaltado, le aconsejaría que se esforzara por obtener su atención. Pero puesto que está sentada en el trono, le insto a acercarse a ella inmediatamente. Nunca podrá estar más encumbrada, ni ser más grande, pues está escrito: «Dios es amor» (1 Juan 4:16), que es *seudónimo* de gracia. Vaya y póstrese delante de ella; vaya y adore ante la infinita misericordia y gracia de Dios. No dude, no se detenga, no vacile. La gracia reina; la gracia es Dios; Dios es amor. ¡Plegue a Dios que al divisar la gracia así entronizada, usted acuda a recibirla!

La gracia está entronizada por conquista, por derecho y por poder. También está entronizada *en gloria*, porque Dios se gloría en su gracia. Uno de sus objetivos actuales es publicar su gracia. Dios se deleita en mostrar su gracia y su perdón a los que se arrepienten de sus pecados. Se deleita en encontrarse con los extraviados y en restaurarles, mostrándoles su gracia rehabilitadora. Se deleita en atender a los quebrantados de corazón y en confortarles, mostrándoles su gracia consoladora. La gracia puede adoptar muchas formas, o más bien la misma gracia puede actuar en maneras diversas, y Dios se deleita dando a conocer su gracia gloriosa. Un arco iris rodea el trono como si fuera una esmeralda, la esmeralda de su compasión y su amor. Felices son las almas que pueden creer esto, y creyéndolo, pueden acudir al instante y glorificar la gracia siendo ejemplos de su poder.

La gloria de la gracia

El propiciatorio es un trono. Aunque la gracia esté en él, sigue siendo un trono. La gracia no desaloja la soberanía, aunque el atributo de la soberanía sea excelso y terrible. La luz de la soberanía es como una preciosísima piedra de jaspe, y como un zafiro, o, como dice Ezequiel, un «crisólito». Así dice el Rey, Señor de los ejércitos: «Tendré misericordia del que yo tenga misericordia, y me compadeceré del que yo me compadezca… Mas antes, oh hombre, ¿quién eres tú, para que alterques con Dios? ¿Dirá el vaso de barro al que lo formó: Por qué me has hecho así? ¿O no tiene potestad el alfarero sobre el barro, para hacer de la misma masa un vaso para honra y otro para deshonra? (Ro 9:15, 20-21). Estas son palabras solemnes y terribles que no han de ser contestadas. Él es un Rey, y hará lo que le plazca. Nadie sujetará su mano ni le dirá «¿qué haces?».

Para que no se abata ante la idea de su soberanía, le invito a examinar el texto. Es un trono, y la soberanía es incuestionable. Pero para toda alma que sabe cómo orar, para toda aquella que por fe acude a Jesús, el verdadero propiciatorio, la soberanía divina no acarrea un semblante oscuro y terrible, sino rebosante de amor. Es un trono de gracia, por lo que concluyo que la soberanía de Dios para con el creyente se ejerce siempre en pura gracia. Para usted que acude a Dios en oración, la soberanía siempre fluye así: «Tendré misericordia de ese pecador, aunque no se la merece. Porque puedo hacer lo que quiero con lo mío, le bendeciré, le haré mi hijo, le aceptaré. Él será mío el día en que junte mis joyas». En el propiciatorio, Dios nunca ejerció más soberanía que la de la gracia. Él reina, pero de esta manera: «La gracia reina por la justicia para vida eterna» (Ro 5:21).

En el trono de la gracia, la soberanía se ha sometido al vínculo del amor. Dios hará lo que le plazca, pero en el propiciatorio se somete a los límites que se ha autoimpuesto, porque ha establecido un pacto con Cristo, y por tanto, con sus elegidos. Aunque Dios es y debe ser siempre soberano, nunca anulará su pacto ni quebrantará la palabra que ha salido de su boca. Él no puede quebrantar un pacto que Él mismo ha establecido. Cuando yo me acerco a Dios en Cristo, a Dios en el propiciatorio, no tengo que imaginar que por un acto de soberanía Dios anule su pacto. Eso es imposible.

Además, en el trono de la gracia, Dios está comprometido con nosotros por sus promesas. El pacto de gracia contiene muchas promesas grandes y preciosas. «Pedid, y se os dará; buscad, y hallaréis; llamad, y se os abrirá» (Mt 7:7). Hasta que Dios dijo esa palabra, o una palabra equivalente, dependía de su criterio el oír o no una plegaria, pero ya no es así. Si la verdadera oración se ofrece por medio de Jesucristo, su verdad le constriñe a escucharla. Un hombre puede ser perfectamente libre, pero en el mismo instante en que hace una promesa no es libre de romperla; y el Dios eterno no quebrantará su promesa. Él se deleita en cumplirla. Ha declarado que todas sus promesas son «en él Sí, y en él Amén» (2 Co 1:20). Para nuestro consuelo, cuando miramos a Dios bajo el aspecto sublime y terrible de la soberanía, podemos reflexionar de la siguiente manera: Él está sujeto al vínculo del pacto de la promesa de ser fiel a las almas que le buscan. Su trono debe ser un trono de gracia para su pueblo.

Y el pensamiento más dulce es que cada promesa de pacto ha sido ratificada y sellada con sangre, y lejos de Dios está menospreciar la sangre de su querido Hijo. Cuando un rey concede carta de privilegio a una ciudad, puede haber ejercido sobre ella un dominio absoluto, que no hubiera nada que pusiera coto a sus prerrogativas, pero cuando la ciudad goza de su carta, reclama sus derechos al rey. Del mismo modo Dios ha concedido a su pueblo una carta de incontables bendiciones, otorgándole «las misericordias fieles de David» (He 13:34). La validez de una carta depende en buena medida de la firma y el sello, y la carta de la gracia del pacto es, ciertamente, firme. La firma es de la propia mano de Dios y el sello es la sangre de su Hijo Unigénito.

El pacto está ratificado con sangre, la sangre de su querido Hijo. No es posible rogar a Dios en vano cuando se reclama el pacto sellado con sangre, firme y seguro en todas las cosas. Los cielos y la tierra pasarán, pero el poder de la sangre de Jesús con Dios nunca podrá fallar. Habla en el silencio y prevalece en la derrota. Mejores cosas que la de Abel reclama (Heb 12:24), y su clamor es escuchado. Acudamos osadamente porque llevamos la promesa en el corazón.

La oración brota espontáneamente en los que permanecen en Jesús. La oración es la efusión natural de un alma en comunión con Él. Como la hoja y el fruto brotan en la rama de la vid, sin esfuerzo consciente, porque están unidos al tallo, así también la oración brota, florece y fructifica en las almas que permanecen en Cristo. Como brillan las estrellas, así oran. No se dicen a sí mismas: «Es hora de dedicarnos a la tarea de orar». No; oran como los hombres prudentes comen, a saber, cuando les sobreviene el hambre. No claman como si estuvieran bajo opresión: «Debiera estar orando, pero no siento el deseo. ¡Qué fatigoso es esto!». Tienen que hacer un encargo agradable ante el propiciatorio y se alegran de ir allá. Los corazones que moran en Cristo proyectan súplicas como los fuegos lanzan llamas y chispas. Las almas que moran en Jesús comienzan el día en oración; la oración las envuelve como el aire, durante todo el día; por la noche se quedan dormidas orando. Pueden decir gozosas: «Despierto, y aún estoy contigo» (Sal 139:18).

2

El secreto del poder en la oración

Si permanecéis en mí, y mis palabras permanecen en vosotros, pedid todo lo que queréis, y os será hecho —Juan 15:7.

Los creyentes no disfrutan todos los dones de la gracia de inmediato. Al acudir a Cristo se es salvo por una unión genuina con Él, pero cuando se permanece en ella se recibe la pureza, el gozo, el poder y la bienaventuranza que reserva Cristo para su pueblo. Fíjese cómo expresa el Señor esto a los judíos que creyeron en el capítulo ocho de Juan: «Si vosotros permaneciereis en mi palabra, seréis verdaderamente mis discípulos; y conoceréis la verdad, y la verdad os hará libres» (vv. 31-33).

Uno no conoce toda la verdad de inmediato: la aprende si permanece en Jesús. Perseverar en la gracia es un proceso educativo por el que se alcanza el conocimiento de la verdad plena. El poder emancipador de la verdad también se percibe y se disfruta progresivamente. «La verdad os hará libres». Una atadura tras otra se va desatando hasta que se alcanza la verdadera libertad. Los principiantes en la vida divina pueden animarse sabiendo que les quedan cosas mejores por delante: aún no han recibido la plena recompensa de su fe. A medida que ascienden por la colina de la experiencia espiritual lograrán vistas más felices de las cosas celestiales. Si permanecen en Cristo, accederán a una confianza más firme, un gozo más abundante, mayor estabilidad, más comunión con Jesús y más deleite en el Senor su Dios. De igual manera que la infancia física es acosada por muchos males, de los que está exenta la edad adulta, así también sucede en el mundo espiritual.

Hay grados de logro espiritual entre los creyentes. El Salvador nos anima a alcanzar cierta posición privilegiada que no es para todos los que dicen que están en Cristo. Especifica que este grupo retiene una característica fundamental: *permanece* en Él. Todo creyente debe ser un morador, pero muchos apenas merecen el nombre que ostentan. Jesús afirma: «Si permanecéis en mí, y mis palabras permanecen en vosotros, pedid todo lo que queréis, y os será hecho». Hay que vivir con Cristo para poder conocerle, y cuanto más se vive con Él más se le admira y adora. Y más se recibe de Él gracia sobre gracia. Con certeza, Él es bendito para el que sólo lleva un mes en la gracia; pero estos niños apenas pueden distinguir lo precioso que es Jesús para los que han cultivado medio siglo de amistad íntima con Él. Para los creyentes que permanecen, Jesús es más dulce y estimado, más bello y más amable, cada día que pasa. No es que Él mejore, porque es perfecto. Pero a medida que uno crece en su conocimiento, aprecia más cabalmente su excelencia incomparable. Cuán vehementemente pueden exclamar los que hace tiempo que le conocen: «¡Es maravilloso!». ¡Oh, que sigamos creciendo en todo en Él, que es nuestra Cabeza y nuestro galardón!

El enfoque de nuestro texto es el poder en la oración, a considerar en tres preguntas. La primera: *¿Qué es esta bendición especial?* «Pedid todo lo que queréis, y os será hecho» La segunda: *¿Cómo se obtiene esta bendición especial?* «Si permanecéis en mí, y mis palabras permanecen en vosotros». La tercera: *¿Por qué se obtiene de esta manera?* Hay razones que explican las condiciones establecidas como necesarias para obtener el poder prometido en la oración. Confío que la unción del Espíritu Santo haga que este tema resulte muy provechoso.

¿Qué es esta bendición especial?

Vuelva a leer este versículo: «Si permanecéis en mí, y mis palabras permanecen en vosotros, pedid todo lo que queréis, y os será hecho».

Observe que el Señor nos ha advertido que separados de Él nada podemos hacer, y por tanto, cabe esperar que ahora nos muestre cómo podemos realizar todos los actos espirituales. Pero el texto no dice lo que esperábamos oír. El Señor Jesús no dice: «Sin mí no podéis hacer nada», o, «si permanecéis en mí, y mis palabras permanecen en vosotros, podréis hacer todas las cosas espirituales». No dice que serán capacitados para hacer, sino que les será hecho —«os será hecho»—. No dice: «Les será dada fuerza suficiente para hacer todas las cosas santas que son incapaces de hacer sin mí». Esto hubiera sido cierto, pero nuestro sabio Señor supera todo paralelismo y toda expectativa de corazón profiriendo algo aún mejor. No dice: «Harán cosas espirituales», sino «pedirán». Por la oración seréis capacitados para hacer, pero antes de intentar hacer, «pedid». El privilegio escogido que se especifica es una vida de oración poderosa. El poder en la oración es, en buena medida, el indicador de nuestra condición espiritual. Cuando éste se concede en alto grado, va acompañado de bendiciones en todos los demás asuntos.

Uno de los primeros frutos de permanecer unidos a Cristo será el ejercicio cierto de la oración: «Pediremos». Aunque otros no busquen ni llamen ni pidan, usted lo hará. Los que se mantienen alejados de Jesús no oran. Aquellos cuya comunión con Cristo está suspendida sienten que no pueden orar, pero Jesús dice: «Si permanecéis en mí, y mis palabras permanecen en vosotros, pedid». La oración brota espontáneamente en los que moran en Jesús. La oración es la derrama natural de un alma que tiene comunión con Él. Como la hoja y el fruto brotan en la rama de la vid, sin esfuerzo consciente, porque están unidos al tallo, así también la oración brota, florece y fructifica en las almas que permanecen en Cristo. Como brillan las estrellas, así oran. No se dicen a sí mismas: «Es hora de dedicarnos a la tarea de orar». No; oran como los hombres prudentes comen, a saber, cuando les sobreviene el hambre. No claman como si estuvieran bajo opresión: «Debiera estar orando, pero no siento el deseo. ¡Qué fatigoso es esto!». Tienen que hacer un encargo agradable ante el propiciatorio y se alegran de ir allá. Los corazones que moran en Cristo proyectan súplicas como los fuegos lanzan llamas y chispas. Las almas que moran en Jesús comienzan el día en oración; la oración las envuelve como el aire, durante todo el día; por la noche se quedan dormidas orando. Pueden decir gozosas: «Despierto, y aún estoy contigo» (Sal 139:18). El hábito de pedir se fortalece permaneciendo en Cristo. No tendrá necesidad de ser empujado a orar cuando permanece en Jesús. Jesús dice: «Pedid», y en conformidad, usted lo hará.

También sentirá más fuertemente la *necesidad de orar.* Su gran necesidad de orar le resultará patente. Cuando permanecemos en Cristo sentimos más que nunca que debemos pedir más gracia. El que mejor conoce a Cristo conoce mejor sus necesidades. El que es más consciente de la vida de Cristo es también más consciente de que separado de Él está muerto. El que discierne más claramente el carácter perfecto de Jesús sentirá más urgencia de pedir más gracia para asemejarse a Él. Cuanto más procuro estar en mi Señor, tanto más deseo obtener de Él, pues reconozco que todo lo que hay en Él tiene el propósito de que yo lo reciba. «Porque de su plenitud tomamos todos, y gracia sobre gracia» (Juan 1:16). En la proporción con que estamos vinculados a Cristo sentimos la necesidad de recibir más de Él por medio de la oración constante.

Nadie necesita demostrar al que permanece en Cristo la doctrina de la oración, porque ya la está disfrutando. La oración ha llegado a ser para él una necesidad de la vida espiritual, como la respiración lo es de su vida natural. No es posible vivir sin pedir favores a Dios. «Si permanecéis en mí, y mis palabras permanecen en vosotros, pedid», y no cesaréis de pedir. Él ha dicho: «Buscad mi rostro», y mi corazón responderá: «Tu rostro buscaré, oh Jehová» (Sal 27:8).

El fruto de la permanencia no es sólo la práctica de la oración y la percepción de la necesidad de orar, sino también la *libertad en el orar.* «Pedid todo lo que queréis». ¿No ha estado usted nunca de rodillas sin poder para orar? ¿No sintió que no podía suplicar como deseaba? Usted quería orar, pero las aguas estaban congeladas y no fluían. La voluntad estaba presente, pero no la libertad para presentar su voluntad en oración. ¿Desea, entonces, libertad para orar, de suerte que pueda conversar con Dios como un hombre habla con su amigo? He aquí la manera de hacerlo: «Si permanecéis en mí, y mis palabras permanecen en vosotros, pedid todo lo que queréis». No quiero decir que obtendrá libertad en el sentido de mera fluidez de palabras, porque este es un don muy inferior. La fluidez es un don cuestionable, especialmente si no va acompañada de pensamiento y sentimiento de calado. Algunos hermanos oran en longitud, pero la oración genuina se mide por peso, no por longitud. Un solo gemido delante de Dios puede encerrar más fuerza que una bella y prolongada oración de verbo florido.

El que mora con Dios en Jesucristo es el hombre cuyos pasos se alargan en la intercesión. Se acerca audazmente porque habita delante del trono. Ve el cetro de oro extendido y oye al Rey decir: «Todo lo que pidiereis en oración, creyendo, lo recibiréis» (Mt 21:22). El hombre que permanece en unión consciente con su Señor tiene libre acceso a la oración. Bien puede acercarse a Cristo de buena gana, porque está en Cristo y permanece en Él. No pretenda alcanzar esta santa libertad ayudado por el entusiasmo o la presunción. Sólo hay una manera de conseguirla realmente: «Si permanecéis en mí, y mis palabras permanecen en vosotros, pedid todo lo que queréis». Solo por este medio usted podrá abrir del todo su boca, para que Dios la llene. Así seremos como Israel y como príncipes influiremos ante Dios.

Y esto no es todo: el hombre favorecido tiene el privilegio de *orar con éxito*. «Pedid todo lo que queréis, y os será hecho». Puede que usted no lo haga, pero *le será hecho*. Usted anhela dar fruto: pida, y le será concedido. Mire el pámpano de la vid. Permanece en la vid, y por el mero permanecer da fruto —le es hecho—. Hermano y hermana en Cristo, el propósito de su existencia, el objeto y el designio único de su vida, es dar fruto para la gloria del Padre. Para lograr esta meta tiene que permanecer en Cristo como el pámpano permanece en la vid. Este es el método por el que su petición de fertilidad tendrá éxito: «Le será hecho». Prevalecerá ante Dios en oración, por cuanto antes que llame Él le responderá, y mientras aún está hablando Él le habrá oído. «A los justos les será dado lo que desean» (Pr 10:24). En el mismo sentido, abunda este texto: «Deléitate asimismo en Jehová, y él te concederá las peticiones de tu corazón» (Sal 37:4). Hay gran amplitud en este texto: «Pedid todo lo que queréis, y os será hecho». El Señor concede al que permanece un cheque en blanco firmado y le permite anotar la cantidad que le plazca.

¿Quiere decir el texto exactamente lo que dice? El Señor nunca ha dicho nada que no quiera decir. Estoy seguro de que Él a veces dice más de lo que le entendemos, pero nunca quiere decir menos. Recuerde que no dice a todos los hombres: «Os concederé todo lo que pidáis». Esa sería una generosidad injusta. Mas se dirige a sus discípulos que ya han recibido generosa gracia de su mano. Es a sus discípulos a quienes concede el maravilloso poder de la oración. Si yo deseara una cosa de veras, más que nada, será esa cosa la que puedo pedir y obtener del Señor. El que prevalece en oración es el hombre que predica con éxito, porque bien puede representar a Dios ante los hombres quien ha intercedido por ellos ante Dios. Este es el hombre que puede afrontar las dificultades de los negocios de este mundo, porque ¿qué puede frustrarle si lleva todas las cosas a Dios en oración? Un creyente de este tipo en una iglesia vale más que diez mil personas comunes y corrientes. En ellos se cumple plenamente el propósito de Dios para el hombre, a quien creó para ejercer dominio sobre las obras de sus manos. El sello de soberanía está marcado en la frente de estos hombres, pues forjan la historia de las naciones y guían el curso de los acontecimientos con poder de lo alto. El divino propósito ha dispuesto que todas las cosas estén sometidas a Jesús, y a medida que crecemos en su imagen, somos también revestidos de dominio y hechos reyes y sacerdotes para Dios. Considere a Elías, de cuyas manos cuelgan las llaves que abren y cierran la lluvia y la sequía. ¡Él abre y cierra las compuertas del cielo! Aún viven hombres como él. Aspiren a ser tales hombres y mujeres en quienes se cumpla esta palabra: «Pedid todo lo que queréis, y os será hecho».

El texto parece implicar la posibilidad de un don de *oración continua*: «Pedid». Siempre se pedirá; nunca dejará de haber necesidad; pero se pedirá exitosamente apoyándose en la garantía «pedid todo lo que queréis, y os será hecho». Y no sólo en algunas ocasiones especiales prevalecerá usted en oración, sino que se gozará de influir ante Dios en tanto en cuanto permanezca en Cristo y sus palabras permanezcan en usted. Dios pondrá su omnipotencia a su disposición, ya que la Trinidad actuará para cumplir los deseos que su Espíritu ha puesto en su vida. Me gustaría que esta joya brillara ante los ojos de los santos hasta que exclamasen «¡oh, cómo deseo poseerla!» Este poder en la oración es como la espada de Goliat; que todo David exclame sabiamente: «¡Ninguna como ella; dámela!». El arma de la oración vence al enemigo y al mismo tiempo enriquece a su poseedor con toda riqueza de Dios. ¿Cómo puede faltar algo a quienes Dios ha dicho: «Pedid todo lo que queréis, y os será hecho»? Vayamos, procuremos el privilegio de una oración de poder. Preste atención y aprenda cómo se hace. Siga adelante, le mostraré el camino, a la luz del texto. Que el Señor nos guíe a ella por su Espíritu Santo.

¿Cómo se obtiene esta bendición especial?

He aquí las dos cosas que nos ayudarán a ascender para alcanzar el poder de Dios en oración. La primera parte del versículo nos informa que debemos *permanecer en Cristo Jesús nuestro Señor*. Se da por sentado que ya estamos en Él. Como creyentes, hemos de permanecer tenazmente aferrados a Jesús, amorosamente enlazados con Él. Permanecer en Jesús es confiar siempre en Él —y en Él solo— con la misma fe sencilla que a Él nos unió al principio. Nunca debemos permitir que cosa o persona alguna sea refugio en el que descanse la confianza de nuestra esperanza de salvación, sino que debemos apoyarnos sólo en Jesús, como cuando le recibimos al principio. Su Trinidad, su virilidad, su vida, su muerte, su resurrección, su gloria a la diestra del Padre, en suma, Él mismo debe ser el único de quien nuestro corazón depende. Esto es absolutamente esencial. Una fe provisional no salva; se necesita una fe que permanece.

Permanecer en el Señor Jesús no sólo significa confiar en Él. Significa también rendirse a Él para recibir su vida, para que lleve a cabo su obra en nosotros. Si permanecemos en Él, viviremos en Él, por Él y para Él. Sentiremos que toda nuestra vida separada ha desaparecido: «Porque habéis muerto, y vuestra vida está escondida con Cristo en Dios» (Col 3:3). Si nos alejamos de Jesús, seremos como ramas secas que sólo sirven para ser arrojadas al fuego. No hay más sentido de la vida que el que ofrece Cristo —¡y qué sentido tan maravilloso es éste!—. La vid necesita de los pámpanos, así como los pámpanos necesitan de la vid. Ninguna vid dio fruto jamás sino a través de sus pámpanos. Ciertamente, la vid soporta sus pámpanos, y produce fruto, pero despliega éste en aquellos. Así pues, los creyentes que permanecen son necesarios para cumplir el designio de su Señor. Qué verdad tan maravillosa: ¡los santos son necesarios para su Salvador! La iglesia es «su cuerpo, la plenitud de Aquel que todo lo llena en todo» (Ef 1:23).

Quiero que entienda su bendita responsabilidad, su obligación positiva de dar fruto para que el Señor Jesús sea glorificado en usted. Permanezca en Él. Nunca retire su consagración a su honor y su gloria. Nunca sueñe con ser su propio amo. Niéguese a ser siervo de los hombres, pero permanezca en Cristo. Deje que Él sea su objeto y la fuente de su existencia. Si llega a este destino y se queda en perpetua comunión con su Señor, pronto hallará un gozo, una delicia y un poder en la oración que nunca experimentó. Hay veces en las que somos conscientes de estar en Cristo, y conocemos el gozo y la paz que nacen de la comunión con Él. Permanezcamos en ella. Que esa bendita inmersión de su ser en su vida, la dedicación de todas sus fuerzas a Jesús y la fe firme de su unión con Él permanezcan en usted por siempre. ¡Dios nos conceda que lo logremos por su Espíritu Santo!

Para ayudarnos a entender esto, nuestro buen Señor nos ha referido una dulce parábola. Echemos un vistazo al relato de la vid y los pámpanos (Juan 15:1-17). Jesús declara: «Todo aquel (pámpano) que lleva fruto, lo limpiará» (v. 2). Cuídese de *permanecer en Cristo cuando esté siendo podado*. Un hermano asegura: «Desde que soy cristiano tengo más problemas que nunca. Los hombres me ridiculizan, el diablo me tienta, y mis negocios van mal». Para orar con poder debe cuidarse de permanecer en Cristo aun cuando la afilada podadera ampute todo. Soporte las pruebas y nunca sueñe con renunciar a la fe por causa de ellas. Diga: «He aquí, aunque él me matare, en él esperaré» (Job 13:15). El Señor le advirtió cuando fue injertado en la vid que tendría que ser podado y recortado con detalle. Si usted sufriendo el proceso de la poda, no debe de pensar que alguna cosa extraña le esté sucediendo. No se rebele por lo que tenga que sufrir de parte de la querida mano de su Padre celestial, que es el viñador. Aférrese a Jesús aún más estrechamente. Dígale: «Corta Señor, si tienes que cortar. Yo me aferro a ti. ¿A quién iremos? Tú tienes palabras de vida eterna». Sí, aférrese a Jesús cuando la podadera está en su mano, para poder cumplir «pedid todo lo que queréis, y os será hecho».

Procure también que *cuando la operación de poda se haya llevado a cabo, usted sigue aferrado a su Señor*. Fíjese en los versículos tercero y cuarto: «Vosotros estáis limpios por la palabra que os he hablado. Permaneced en mí, y yo en vosotros». Permanezca, después de la limpieza, donde estaba antes. Cuando es santificado, permanezca donde estaba cuando fue justificado. Cuando vea que la obra del Espíritu crece en usted, no permita que el diablo le tiente a jactarse de que ahora es alguien y ya no necesita acudir a Jesús como un pobre pecador. No confíe más que en su sangre preciosa para salvación. Siga permaneciendo en Jesús. Lo mismo que permaneció aferrado a Él cuando la podadera le cortó, siga aferrado a Él ahora que las uvas tiernas se empiezan a formar. No se diga a sí mismo: «¡Qué pámpano tan fructífero soy! ¡Cuán profusamente adorno yo a la vid! Usted no es nada ni nadie. Sólo en tanto que permanece en Cristo es una pizca mejor que la leña desechada que arde en el fuego. Desde luego, crecemos, pero permanecemos. Nunca creceremos un centímetro sin permanecer en Él; de otro modo, seremos arrancados y nos secaremos. Nuestra única esperanza estriba en Jesús, en los buenos tiempos y en los malos. Jesús dice: «Vosotros estáis limpios por la palabra que os he hablado. Permaneced en mi, y yo en vosotros».

Permanezca en Cristo *para ser fructífero.* «Como el pámpano no puede llevar fruto por sí mismo, si no permanece en la vid, así tampoco vosotros, si no permanecéis en mí» (Juan 15:4). «Por fin tengo algo que hacer», exclama uno. Así es, ciertamente, pero no separado de Jesús. El pámpano tiene que llevar fruto, pero si se imagina que puede producir un racimo, o incluso una uva, por sí mismo, anda totalmente descarriado. El fruto del pámpano proviene del tallo. Su obra para Cristo debe de ser la obra de Cristo en usted, de lo contrario no servirá para nada. Su clase en la escuela dominical, su predicación, o cualquier cosa que haga, debe ser hecha en Jesucristo. No por su talento natural ni por medio de planes de su invención puede usted salvar a los hombres. Cuídese de sus propios proyectos. Haga para Jesús lo que Él le pide. Recuerde que nuestra obra para Cristo —como solemos decir— debe ser ante todo su obra si es que va a ser por Él aceptada. Permanezca en Él por lo que respecta al fruto.

Permanezca en Él *por su propia vida.* No diga: «Hace veinte años que soy cristiano y puedo arreglármelas sin depender continuamente de Cristo». No puede hacer nada sin Él ni aunque tuviese la edad de Matusalén. Su propia existencia como cristiano depende de su perseverancia, su confianza y su permanencia. Esto se lo tiene que dar Él, porque todo procede de Él y de Él solo. En suma, si usted desea tener el espléndido poder de la oración, debe permanecer en una unión amorosa, viva, perdurable, consciente, práctica y perseverante con el Señor Jesucristo.

Hay otro requisito mencionado en el texto que no hay que olvidar: *«y mis palabras permanecen en vosotros».* ¡Cuán importantes son, pues, las palabras de Jesús! Él dice en el versículo cuatro: «Permaneced en mí, y yo en vosotros», y ahora, paralelamente: «Si permanecéis en mí, y mis palabras permanecen en vosotros». ¿Son Cristo y sus palabras la misma cosa? En términos prácticos, sí. Hay quienes dicen que Cristo es el Maestro, pero por lo que a la doctrina concierne, no les importa lo que declara su Palabra. En tanto en cuanto su corazón sea sincero para con Él, reclaman para sí libertad de pensamiento.

No podemos separar a Cristo de la Palabra. En primer lugar, Él es la Palabra. En segundo lugar, ¿cómo podemos llamarle Maestro y Señor y no hacer lo que nos manda y rechazar la verdad que nos enseña? Tenemos que obedecer sus preceptos o Él no nos aceptará como discípulos. Especialmente el precepto del amor que es la esencia de todas sus palabras. Debemos amar a Dios y a los hermanos. Debemos mostrar amor a todos los hombres y procurar su bien. La ira y la maldad deben huir de nosotros. Debemos andar como anduvo Jesús. Si las palabras de Cristo no permanecen en usted, en el creer y en el obrar, entonces, no está en Él. Cristo, su evangelio y sus mandamientos son uno. Si usted no tiene a Cristo y sus palabras, tampoco Él le recibirá a usted y sus palabras. Franqueemos por gracia estas dos puertas doradas. «Si permanecéis en mí y mis palabras permanecen en vosotros». Empujémoslas y entremos en esa sala espaciosa: «Pedid todo lo que queréis, y os será hecho».

¿Por qué se obtiene de esta manera?

¿Por qué se otorga el extraordinario poder de la oración a los que permanecen en Cristo? Permítame alentarle a emprender el glorioso intento de adquirir la perla de gran precio. ¿Por qué permaneciendo en Cristo y haciendo que sus palabras permanezcan en nosotros obtenemos libertad y victoria en la oración?

En primer lugar, *por la plenitud de Cristo*. Podrá perfectamente bien pedir lo que desee cuando permanezca en Cristo, porque todo aquello que solicite ya está en su pensamiento. ¿Desea la gracia del Espíritu? Procure la unción del Señor. ¿Busca la santidad? Imite su ejemplo. ¿Desea el perdón de pecados? Mire su sangre. ¿Necesita hacer morir el pecado? Mire su crucifixión. ¿Necesita morir al mundo? Vaya a su tumba. ¿Quiere sentir la plenitud de una vida celestial? He aquí su resurrección. ¿Quiere prevalecer sobre este mundo? Admire su ascensión. ¿Desea contemplar cosas celestiales? Recuerde que Él está sentado a la diestra de Dios y que Él «nos hizo sentar en los lugares celestiales con Cristo Jesús» (Ef 2:6).

Veo claramente por qué el pámpano recibe lo que quiere mientras permanece en el tallo, porque todo lo que desea ya está en el tallo y está allí para beneficio suyo. ¿Quiere acaso la rama más de lo que el tallo puede ofrecerle? Si así fuera, no podría obtenerlo, porque no tiene otro medio de vida más que succionar su vida del tallo. Oh, precioso Señor, si yo deseo algo que no esté en ti, prefiero quedarme para siempre sin ello. Quiero que me niegues todo deseo que se desvíe de ti. Pero si la provisión de mi deseo ya está en ti, ¿por qué habría de buscarlo en otro sitio? Tú eres mi todo; ¿Adónde iré? «Por cuanto agradó al Padre que en Él habitase toda plenitud» (Col 1:19), y lo que agrada al Padre a nosotros también nos agrada. Nos alegramos de recibirlo todo de Jesús. Estamos seguros de que todo lo que le pidamos lo tendremos, ya que Él ya lo tiene preparado para dárnoslo.

La segunda razón es la riqueza de la Palabra de Dios. Ahonde en este pensamiento: «Si mis palabras permanecen en vosotros, pedid todo lo que queréis, y os será hecho». La persona que mejor ora es la que está más acostumbrada a creer las promesas de Dios. Al fin y al cabo, la oración no es otra cosa que llevar ante Él las promesas de Dios y decirle; «Haz como has prometido». Orar es aprovechar las promesas. La oración que no se basa en una promesa no tiene fundamento válido. Si voy al banco sin un cheque, no puedo pretender que se me entregue dinero. La «orden de pago» que obra en mi poder es lo que me da derecho a recibir dinero del banco.

Aquellos en quienes moran las palabras de Cristo están equipados con las cosas a las que el Señor atiende. Si la Palabra de Dios permanece en usted, puede orar porque sale al encuentro del gran Dios con sus propias palabras y de este modo mueve a la omnipotencia con omnipotencia. Pone el dedo sobre las mismas líneas y dice: «Haz lo que has prometido». Esta es la mejor oración que se hace en el mundo. Por tanto, llénese de la Palabra de Dios. Estudie lo que Jesús ha enseñado, lo que el Espíritu Santo ha dejado grabado en este libro divinamente inspirado, y en proporción al alimento que ingiera, retenga, obedezca la Palabra en su vida y será un maestro en el arte de orar. Adquirirá destreza como luchador con el Ángel del Pacto en la proporción en que suplique las promesas de su fiel

Creador. Instrúyase debidamente en las doctrinas de la gracia y haga que la Palabra de Cristo more abundantemente en su ser para saber cómo influir ante el trono de la gracia. Si usted permanece en Cristo y sus palabras permanecen en usted, será como las manos derecha e izquierda de Moisés alzadas en oración: Amalec fue aplastado, Israel librado y Dios glorificado (Ex 17:11).

Tal vez usted aún arguya que no entiende por qué se debe permitir a la persona que permanece en Cristo pedir lo que quiera y le será hecho. Le vuelvo a responder que es así porque *en tal persona opera una influencia de gracia que renueva su voluntad, acorde con la voluntad de Dios*. Supongamos que un siervo de Dios está orando y piensa en algo deseable, pero recuerda que no es más que un niño en la presencia de su Padre omnisciente. Entonces somete su voluntad y pide como favor que se le enseñe lo que debe desear. Aunque Dios le invita a pedir lo que quiera, se arruga y exclama: «Señor mío, tengo una petición acerca de la que no estoy seguro. Hasta donde acierto a juzgar es algo deseable. Pero Señor, no estoy capacitado para juzgar por mí mismo, por tanto, te ruego que no me concedas mi voluntad, sino cúmplase la tuya». Cuando adoptamos esta actitud nuestra voluntad coincide con la voluntad de Dios. En lo más profundo del corazón sólo deseamos lo que Él Señor desea, y ¿qué es esto, sino pedir lo que queremos que nos sea concedido?

Así pues, es seguro para Dios decir a las almas santificadas: «Pedid todo lo que queréis, y os será hecho». El instinto celestial de tal persona la conduce rectamente. La gracia que habita en su alma echa fuera toda codicia y deseo sucio, y su voluntad es la misma sombra de la voluntad de Dios. La vida espiritual es su amo, y sus aspiraciones son santas, celestiales, divinas. Ha sido hecha partícipe de la naturaleza divina, y como el hijo se asemeja al padre, así también, en deseo y voluntad, ella es uno con Dios. Como el eco responde a la voz, así el corazón renovado, a la mente del Señor. Nuestros deseos son rayos que irradian la voluntad divina.

Resulta claro que el Dios santo no puede allegarse a un hombre común de la calle y decirle: «Te daré todo lo que me pidas». ¿Qué le pediría ese hombre? Pediría un buen trago o alguna otra cosa para satisfacer un deseo viciado. Sería muy arriesgado confiar a cualquier persona esta licencia. Pero cuando el Señor toma a una persona, la transforma en nueva criatura e imprime en ella la imagen de su querido Hijo, entonces puede confiar en ella. He aquí que nuestro Padre nos trata igual que a su Primogénito. Jesús pudo decir: «Yo sabía que siempre me oyes» (Juan 11:42). El Señor nos educa para que adquiramos la misma seguridad. Podemos exclamar con la misma certidumbre de antaño: «Mi Dios me oirá». ¿No anhelan nuestros corazones este privilegio? Se accede a él por el camino de la unión a Cristo, a saber, la santidad, la morada permanente en Él y la obediencia perseverante de su verdad. Este es el único camino seguro y verdadero. La manera más segura y eficaz de obtener poder efectivo en la oración es transitar por este camino.

Un hombre triunfará en oración *cuando su fe sea fuerte*, y este es el caso de los que permanecen en Jesús. Con una fe que prevalece en oración. La verdadera elocuencia de la oración es el deseo de fe: «Al que cree todo le es posible» (Mr 9:23). La persona que permanece en Cristo y que guarda sus palabras es un creyente destacado y, en consecuencia, su oración tiene mucha eficacia. Su fe es ciertamente fuerte, porque le ha llevado a mantener un contacto vital con Cristo, por tanto, está junto a la fuente de toda bendición y puede beber hasta saciarse del mismo pozo.

En tal persona mora también *el Espíritu de Dios*. Si permanecemos en Cristo y sus palabras permanecen en nosotros, el Espíritu Santo viene y establece residencia en nosotros. ¿Y qué mejor ayuda podemos tener para orar? ¿No es maravilloso que el Espíritu Santo interceda por los santos según la voluntad de Dios? Él «intercede por nosotros con gemidos indecibles» (Ro 8:26).

El Espíritu de Dios conoce la mente de Dios, y obra en nosotros para que deseemos lo que Él desea, de suerte que la oración del creyente es el propósito de Dios reflejado en su alma como en un espejo. Los decretos eternos de Dios proyectan sombras en el corazón de hombres y mujeres piadosos por medio de la oración. Dios comunica a sus siervos lo que se propone hacer inclinándoles a pedir lo que ha resuelto llevar a cabo. Dios dice: «Haré esto y aquello»; pero luego añade: «Seré solicitado por la casa de Israel para hacerles esto». Cuán obvio es que si permanecemos en Cristo, ¡podemos pedir lo que queramos! Porque sólo pediremos lo que el Espíritu de Dios nos mueva a pedir, y es imposible que el Dios Espíritu Santo y el Dios Padre no estén de acuerdo. Lo que uno nos insta a pedir, el otro ya ha resuelto otorgarlo.

¿Sabe usted que cuando permanecemos en Cristo y sus palabras permanecen en nosotros, el Padre nos mira de igual manera que mira a su querido Hijo? Cristo es la vid, y la vid comprende los pámpanos. Los pámpanos forman parte de la vid. Por tanto, Dios nos ve como parte de Cristo —miembros de su cuerpo, de su carne y de sus huesos—. Dios ama tanto a Jesús que no le niega nada. Jesús fue obediente hasta la muerte, y muerte de cruz, por tanto, el Padre le ama, y por cuanto es Mediador entre Dios y los hombres, le concede todas sus peticiones. ¿Sucede que cuando usted y yo nos mantenemos unidos a Cristo, el Señor Dios nos mira de la misma manera que a Jesús y nos dice: «No os negaré nada; pedid lo que queréis, y os será hecho»? Así es como yo entiendo el texto.

Quisiera recalcar un dato que no debe ser pasado por alto: «Como el Padre me ha amado, así también yo os he amado; permaneced en mi amor» (Juan 15:9). El mismo amor que Dios tiene por su Hijo tiene también por nosotros, por lo cual, moramos en el amor del Padre y del Hijo. ¿Cómo podrán ser rechazadas nuestras oraciones? ¿No respetará el amor infinito sus peticiones? Si sus plegarias no alcanzan el trono, cabe sospechar que haya algún pecado oculto que las obstruye. Si usted no permanece en Cristo, ¿cómo puede esperar orar con éxito? Si entresaca su Palabra y duda de esto y aquello, ¿cómo puede esperar tener favor ante el trono? Si desobedece deliberadamente sus palabras, ¿no explica esto su fracaso en la oración? Pero permanezca en Cristo, aférrese a sus palabras y sea enteramente su discípulo, y Él le oirá. Sentado a los pies de Jesús, escuchando sus palabras, podrá levantar sus ojos ante su amable rostro y decir: «Señor mío, escúchame ahora». Él le responderá bondadosamente y le dirá: «Te he oído en tiempo aceptable y te he ayudado el día de salvación. Pide lo que quieras y te será hecho. ¡Que Dios nos conceda poder ante el trono!

Todo creyente debe esforzarse por alcanzar este poder ilimitado. ¡Qué poderosa sería una iglesia si todos sus miembros oraran con poder! Aspire a ser fuerte en el Señor y a disfrutar de este sublime privilegio. ¡Está al alcance de los hijos de Dios! Permanezca en Cristo, guarde su Palabra, y este privilegio especial será suyo. No es una obligación fastidiosa, sino motivo de gran gozo. Búsquelo con todo su corazón, y lo recibirá por añadidura: «Pedid todo lo que queréis, y os será hecho».

Las piedras sólo se parten empleando diligentemente la fuerza del martillo, y el picapedrero generalmente trabaja de rodillas. Use el martillo de la diligencia y ejercite la rodilla de la oración. No hay doctrina pedregosa revelada cuyo entendimiento sea beneficioso que no haya que desmenuzar en pedazos mediante el ejercicio de la oración y la fe. «Haber orado bien es haber estudiado bien», reza la sabia máxima de Lutero. Uno puede abrirse camino en cualquier circunstancia mediante la fuerza de la oración. El pensamiento y el razonamiento pueden ser como cuñas de acero que abren el camino a la verdad, pero la oración es la palanca que fuerza el cofre del misterio sagrado. El reino del cielo aún sufre violencia, y los violentos lo arrebatan. Si usted se cuida de hacer su trabajo con la potente herramienta de la oración, nada podrá resistirle.

3

La llave de oro de la oración

Clama a mí, y yo te responderé, y te enseñaré cosas grandes y ocultas que tú no conoces —Jeremías 33:3.

Algunos de los libros más doctos del mundo desprenden el aroma de aceite quemado en veladas nocturnas, pero los libros y dichos más espirituales y consoladores que se han escrito exhalan generalmente un olor a humedad carcelaria. Podría citar muchos ejemplos, pero baste con mencionar *El progreso del peregrino* de John Bunyan. Y el texto que hemos citado, impregnado de moho y estremecimiento, en la fría mazmorra en que Jeremías yace postrado, posee, sin embargo, un fulgor y una belleza que quizás nunca hubiese tenido si no hubiera descendido como palabra de aliento al prisionero del Señor encerrado en el patio de la cárcel. El pueblo de Dios ha descubierto siempre lo mejor de su Dios en medio de las peores circunstancias. Dios es bueno en todo tiempo, pero parece mostrarse mejor cuando peor estamos. ¿Cómo puede sobrellevar tan bien su prolongado encarcelamiento?, preguntaron al landgrave (conde) de Hesse, que había estado encarcelado por su lealtad a los principios de la Reforma. «El consuelo divino de los mártires estaba conmigo», repuso Hesse. Sin duda, Dios ofrece un consuelo más intenso y más profundo a los que tienen que sufrir tribulaciones extremas orquestadas por el enemigo del hombre.

Rutherford recurrió a una figura original cuando fue arrojado a la bodega de la aflicción. Recordó que el gran Rey siempre guardaba allí su vino, y comenzó a buscar las botellas y a beber los caldos refinados y purificados (Is 25:6). Los que se zambullen en el mar de la aflicción sacan perlas raras. Ustedes, compañeros míos de aflicción, saben que es así. Los que han sufrido una larga enfermedad; los que han visto esfumarse sus bienes terrenales y han quedado sumidos en la pobreza; los que han visitado la tumba siete veces y han llegado a temer que su último amigo en la tierra les sería arrebatado por la muerte inmisericorde, han saboreado que Dios es fiel y que aunque abunden en tribulaciones, también abundan en consolaciones en Cristo Jesús. Yo suplico que a partir de este texto otros prisioneros de esperanza alcancen la gozosa promesa que ha sido anunciada a sus corazones. Si a causa de la pesadez de espíritu usted se siente lejos de Dios, que pueda escuchar su leve susurro en su corazón: «Clama a mí, y yo te responderé, y te enseñaré cosas grandes y ocultas que tú no conoces».

El texto se divide en tres partículas de verdad claramente diferenciadas que nos proporcionan instrucción. La primera, *se nos manda orar* —«Clama a mí»—. La segunda, *Dios ha prometido que nos va a responder* —«yo te responderé»—. La tercera, *se nos insta a tener fe* —te enseñaré cosas grandes y ocultas que tú no conoces»—.

Se nos manda orar

No es mero consejo ni simple recomendación; se nos manda orar. Se trata de una gran condescendencia. Cuando se construye un hospital, basta con que las puertas estén abiertas a los enfermos cuando éstos necesiten ayuda. Pero no se promulga un decreto que les ordene ir al hospital. Se considera suficiente ofrecer el servicio sin emitir un mandato que obligue a nadie. De modo que resulta un tanto extraño, por lo que respecta a la oración, que el hombre tenga que ser mandado para que muestre misericordia a su propia alma. Tan maravillosa es la condescendencia de nuestro bondadoso Señor que ha instituido un mandamiento de amor sin el cual los hijos de Adán pasarían hambre en vez de participar en el suculento banquete del evangelio.

El pueblo de Dios necesita —de lo contrario no le habría sido dado— el mandato de orar, porque es muy propenso a caer en *periodos de mundanalidad*, y acaso sea este su estado habitual. No nos olvidamos de comer, ni de ir al trabajo, ni de descansar, pero solemos olvidar que tenemos que rogar a Dios en oración y dedicar largos periodos a la comunión íntima con nuestro Dios y Padre. Para muchos creyentes, el lastre mundano es tan pesado que apenas se pueden mover, mientras que la Biblia, que representa su devoción, es tan pequeña que podrían guardarla en el bolsillo de su chaqueta. ¡Largas horas dedicadas al mundo! ¡Breves minutos dedicados a Cristo! El mundo recibe lo mejor, mientras que la oración sólo recibe las migajas de nuestro tiempo. Entregamos nuestra fuerza y frescura al dinero (Mammon) y nuestro cansancio a Dios. De ahí que se nos tenga que mandar atender precisamente a lo que debería hacernos más felices y a nuestro más elevado privilegio: encontrarnos con nuestro Dios. «Clama a mí», dice el Señor, porque sabe que tendemos a olvidarlo. La exhortación «¿qué tienes, dormilón? Levántate, y clama a tu Dios (Jonás 1:6), es tan necesaria hoy como en el día de Jonás, bajo la tormenta.

Dios entiende el *corazón de pesadez* que a veces nos abruma, especialmente cuando nos sentimos agobiados por el pecado. Satanás nos dice: «¿Por qué habrías de orar? ¿Cómo puedes salir airoso? En vano dices «me levantaré e iré a mi Padre, porque ni siquiera eres digno de ser como uno de sus jornaleros. ¿Cómo puedes ver el rostro del Rey después de haberle traicionado? ¿Cómo te atreves a acercarte al altar después de haberlo profanado, cuando el sacrificio que presentas está contaminado?» Es bueno que se nos mande orar, porque si no, en tiempos de pesadez podríamos tirar la toalla. Si Dios me lo ordena, por muy incapaz que me sienta, me arrastraré hasta el escabel del trono de la gracia. Puesto que Él me dice que ore sin cesar (1 Te 5:17), aunque las palabras me fallen y mi corazón divague, con todo, balbucearé los deseos de mi alma hambrienta: «Oh Dios, al menos enséñame a orar y escucha mi oración».

¿No se nos manda también orar por causa de nuestra *frecuente incredulidad*? La incredulidad susurra al oído: «¿Qué provecho hay en buscar al Señor acerca de este asunto? Este es un caso que escapa a la lista de cosas en las que Dios interviene. En otras circunstancias, podrías apoyarte en el poderoso brazo de Dios, pero por lo que toca a este asunto, la oración no surtirá efecto. Ya se trate de un asunto demasiado trivial —o no suficientemente espiritual—, ya de un asunto en el que has pecado repetidamente, o demasiado elevado, difícil o complicado, no tienes derecho a presentárselo al Señor», insinúa el detestable demonio infernal. Por lo cual, este mandato ha quedado escrito como precepto diario aplicable a cualquier circunstancia a la que pueda verse arrastrado el cristiano: «Clama a mí; clama a mí».

¿Estás enfermo? «Clama a mí, porque yo soy el Médico por excelencia». ¿Temes no ser capaz de proveer para tu familia? «¡Clama a mí!». ¿Te preocupan tus hijos? «Clama a mí». ¿Son tus penas pequeñas, pero dolorosas, cual finas agujas y espinas clavadas? «¡Clama a mí!». ¿Es tu carga tan grave que parece que se te va a quebrar la espalda bajo el peso? «Clama a mí». «Echa sobre Jehová tu carga, y él te sustentará; no dejará para siempre caído al justo» (Sal 55:22). En el valle o en la montaña, en la descarnada roca o bajo las ondas del salobre mar, en el horno, cuando las brasas están al rojo vio, a las puertas de la muerte, cuando las garras del infierno estén a punto de engullirle, nunca cese de orar, ya que el mandato de «clama a mí» le obliga. La oración es poderosa y eficaz delante de Dios para obtener liberación. Por estas y otras razones el privilegio de la súplica es considerado un deber en las Sagradas Escrituras.

Dios nos ha dado este mandamiento de su Palabra, para que sea firme y permanente. Uno bien puede encontrar cincuenta pasajes en los que se prescribe el mismo precepto. Pero no encuentra con la misma frecuencia en la Escritura preceptos como «No matarás», o «No codiciarás». La ley fue dada dos veces. Pero los preceptos evangélicos se enfatizan reiteradamente. Un ejercicio oportuno para algunos sería buscar en las Escrituras para ver con cuánta frecuencia se nos manda orar. Se sorprenderán de encontrar a menudo palabras como «Invócame en el día de la angustia; te libraré» (Sal 50:15). «Oh pueblos, derramad delante de él vuestro corazón» (Sal 62:8). «Buscad a Jehová mientras pueda ser hallado, llamadle en tanto que está cercano» (Is 55:6). «Pedid y se os dará; buscad y hallaréis; llamad y se os abrirá» (Mt 7:7). «Velad y orad para que no entréis en tentación» (Mt 26:41). «Orad sin cesar» (1 Te 5:17). «Acerquémonos, pues, confiadamente al trono de la gracia» (Heb 4:16) «Acercaos a Dios, y él se acercará a vosotros» (Stg 4:8). «Perseverad en la oración» (Col 4:2). No es necesario multiplicar lo que no se puede agotar. No he hecho más que escoger algunas perlas de una gran bolsa. Estimado cristiano, nunca debería preguntarse si tiene derecho a orar. Nunca se pregunte si va a lograr obtener permiso para entrar en su presencia. Si tiene en cuenta tantos mandamientos (y los mandamientos de Dios son en su totalidad promesas y autorizaciones) puede acercarse audazmente al trono de la gracia celestial por el camino nuevo y vivo que él nos abrió a través del velo rasgado.

Pero hay ocasiones en las que Dios manda orar a su pueblo no sólo en la Biblia, sino directamente, *obedeciendo a los impulsos de su Espíritu Santo*. Los que conocen la vida interior saben lo que quiero decir. Uno siente, de repente —tal vez en medio de alguna ocupación—, una urgencia que le *apremia* a orar. Puede ocurrir que al principio no se dé cuenta de la inclinación que le arrastra, pero le insta una, y otra, y otra vez: «¡Ora!». He comprobado que, por lo que respecta a la oración, me asemejo mucho a una rueda de molino que gira con fuerza cuando fluye abundancia de agua, pero se ralentiza cuando el arroyo lleva poco caudal. Me parece que cuando el Señor nos inclina de una manera especial a orar debemos redoblar nuestra diligencia. La Escritura asegura que uno debe orar sin cesar y no desmayar (Lucas 14:1), no obstante, si Dios le imprime un anhelo especial por la oración, contará con otro mandato añadido que le compele a obedecer alegremente.

Creo que, en tales ocasiones, nos encontramos en la situación de David, a quien dijo el Señor: «Y cuando oigas ruido como de marcha por las copas de las balsameras, entonces te moverás» (2 S 5:24). Ese «ruido en las copas de las moreras» pudo haber sido las pisadas de los ángeles que acudieron presurosos en ayuda de David cuando había de derrotar a los filisteos. Cuando se acercan las misericordias de Dios, nuestro deseo de orar representa sus pisadas. Y ese deseo debe ser una indicación inmediata de que ha llegado el tiempo del Señor de favorecer a Sion. Siembre abundantemente hoy, porque puede sembrar en esperanza; are gozoso hoy, porque la cosecha es segura. Luche ahora, Jacob, porque está a punto de ser coronado príncipe vencedor, y su nombre será Israel. Esta es la hora de los mercaderes espirituales —el mercado es muy favorable, por tanto, negocie mucho y obtendrá copiosas ganancias—. Procure aprovechar el tiempo de oro y recolectar su cosecha mientras luce el sol. Cuando saboreamos visitaciones de lo alto, deberíamos mantenernos en oración constante. Si otra obligación menos apremiante le sale al paso, déjela de lado. Cuando Dios nos insta a orar de manera especial a impulsos de su Espíritu, debemos entregarnos de lleno a la oración.

Respuesta prometida

Nunca se ha de tolerar el horrible e injurioso pensamiento de que Dios no contesta la oración. Su *naturaleza*, como se hizo manifiesta en Cristo Jesús, lo exige. Él se ha revelado en el evangelio como un Dios de amor, lleno de gracia y de verdad. ¿Cómo habría de negar la ayuda a sus criaturas que buscan humildemente su rostro y su favor? Cuenta la historia que estando reunido el senado ateniense al aire libre, un gorrión, perseguido por un halcón, voló hacia la asamblea. Al ser acosado por el ave rapaz, el gorrión se refugió en el regazo de un senador. Siendo éste un hombre de modales rudos y vulgares, agarró el pájaro y lo mató. En ese instante, todo el senado se levantó airado, y unánimemente, sin una sola voz que disintiera, lo condenó por no haber brindado auxilio a una débil criatura que había confiado en él. ¿Podemos suponer que el Dios del cielo, cuya naturaleza es amor, podría apartar de su regazo a la pobre, confusa alondra, que huye del águila de justicia para refugiarse en el regazo de su misericordia? ¿Nos invitaría a buscar su rostro, y una vez que con tanta agitación nos armáramos de coraje suficiente para volar hasta su seno, sería entonces injusto y áspero como para olvidarse de oír nuestro clamor y dejar de respondernos? ¿De dónde proceden tales pensamientos?

Recordemos el carácter que Dios ha exhibido en el pasado, así como su naturaleza. Me refiero a la fama que se ha granjeado por sus obras de gracia realizadas en el pasado. Considere su estupendo despliegue de abundancia —«El que no escatimó ni a su propio Hijo, sino que lo entregó por todos nosotros, ¿cómo no nos dará también con él todas las cosas?» (Ro 8:32)—. Si el Señor no rehusó escuchar mi voz cuando yo era vil pecador, cargado de culpa y enemigo suyo, ¡cómo puede desechar mi clamor una vez que he sido justificado y salvado! ¡Cómo es que oyó la voz de mi aflicción cuando mi corazón lo ignoraba, y, después de todo, no me va a oír ahora que soy su hijo! Las sangrantes heridas de Jesús garantizan su respuesta a la oración.

La lanzada en el costado del Salvador dejó penetrar la luz en lo más profundo del corazón de la Deidad y demostró que el que está sentado en el cielo oirá el clamor de su pueblo. Usted no entiende lo que significa el Calvario si piensa que la oración es inútil. Dios mismo *ha hecho una promesa*, y no puede mentir. ¿Acaso no ha dicho: «Y todo lo que pidiereis en oración, creyendo, lo recibiréis?» (Mateo 21:22). No podemos orar a menos que creamos: «Porque es necesario que el que se acerca a Dios crea que le hay, y que es galardonador de los que le buscan» (Heb 11:6). Si dudamos que nuestra oración vaya a ser contestada, seremos como el que titubea: «El que duda es semejante a la onda del mar, que es arrastrada por el viento y echada de una parte a otra. No piense, pues, quien tal haga, que recibirá cosa alguna del Señor» (Stg 1:6,7).

Es más, *nuestra propia experiencia* nos induce a creer que Dios va a contestar la oración. No puedo hablar por usted, pero sí por mí mismo. Si tengo plena certeza de algo, si estoy seguro de ello más allá de toda duda, es que el aliento de la oración nunca es en vano. Mi propia conversión es fruto de una oración perseverante, afectuosa y celosa. Mis padres oraron por mí, Dios oyó su lamento y heme aquí predicando el evangelio. Desde entonces me he aventurado en cosas que han excedido con creces mi capacidad, pero nunca he fallado porque he confiado en el Señor. No he vacilado en desafiar a nuestra congregación con grandes ideas de lo que podíamos hacer para el Señor, y hemos cumplido lo que nos hemos propuesto. He buscado la ayuda de Dios en múltiples empresas, y aunque no puedo contar aquí la historia de mi vida privada en la obra del ministerio, no obstante, puesta por escrito, sería una prueba indubitable de que hay un Dios que contesta la oración. Él ha oído *mis* oraciones —no sólo de vez en cuando— tantas veces que ha llegado a ser un hábito para mí exponer mi caso delante de Dios con la absoluta certeza de que todo lo que pida a Dios Él me lo concederá. No es un quizás o una posibilidad. Yo sé que mi Señor me responde, y sería una necedad dudar de ello. Estoy seguro porque he recogido su fruto.

Pero hay que tener en cuenta que la oración ha de ofrecerse siempre en sumisión a la voluntad de Dios. Al decir que Dios escucha la oración, esto no significa que Él siempre nos dé literalmente lo que le pedimos. Queremos decir que Él nos da lo mejor para nosotros, y si no nos concede la merced que le pedimos en plata nos la concede en oro. Si Él no quita el aguijón en la carne, promete, sin embargo: «Bástate mi gracia» (2 Co 12:9). No ofrezcamos nunca una oración sin insertar la cláusula, ya en espíritu, ya en palabras: «Pero no sea como yo quiero, sino como tú» (Mt 26:39). Sólo podemos orar sin el «si» condicional cuando estamos seguros de que nuestra voluntad es la voluntad de Dios, porque la voluntad de Dios es plenamente nuestra.

Estímulo para la fe

«Y te enseñaré cosas grandes y ocultas que tú no conoces». Recuerde que estas palabras fueron dichas a un profeta que estaba en la cárcel. Por tanto, se aplican primeramente a todo maestro. Y como *todo maestro* debe ser un alumno, se aplican también a *todo alumno* de la verdad divina. La mejor manera por la que un profeta y maestro y alumno puede conocer las verdades más elevadas y escondidas de Dios es esperar en Él en oración. Leyendo el libro de Daniel, entendí cómo llegó él a conocer el sueño de Nabucodonosor. Los adivinos, magos y astrólogos caldeos llevaron sus curiosos libros e instrumentos extraños, rezongando sus *abracadabras* y toda clase de encantamientos misteriosos, pero todos fracasaron. ¿Qué hizo Daniel? Se consagró a la oración, y como sabía que la plegaria de un cuerpo unido de hombres tiene más eficacia que la de uno solo, convocó a sus hermanos y les invitó a sumarse a él en oración fervorosa para que Dios en su infinita misericordia se agradara en revelar la visión. «Luego se fue Daniel a su casa e hizo saber lo que había a Ananías, Misael y Azarías, sus compañeros, para que pidiesen misericordias del Dios del cielo sobre este misterio, a fin de que Daniel y sus compañeros no pereciesen con los otros sabios de Babilonia» (Dan 2:17,18). Y en el caso de Juan (el Daniel del Nuevo Testamento), ¿recuerda que vio un libro a la diestra del que estaba sentado en el trono: un libro sellado con siete sellos que nadie era digno de abrir ni de mirar? ¿Qué hizo Juan? El libro fue después abierto por el León de la tribu de Judá que había vencido y era digno de abrirlo, pero antes que el libro fuera abierto está escrito: «Y lloraba mucho» (Ap 5:4). Sí, y las lágrimas de Juan —imagen de sus oraciones, por lo que a él concernía— fueron la llave sagrada que logró abrir el libro.

Ruego por usted que está en el ministerio, o es maestro en la escuela dominical, y por todos los que son estudiantes en la universidad de Jesucristo, para que recuerden que la oración es su mejor forma de estudio. Como Daniel, entenderá el sueño y su interpretación cuando haya buscado a Dios. Y como Juan, verá los siete sellos de la verdad preciosa desatarse cuando haya llorado mucho. «Si clamares a la inteligencia, y a la prudencia dieres tu voz; si como a plata la buscares, y la escudriñares como a tesoros, entonces entenderás el temor de Jehová, y hallarás el conocimiento de Dios» (Pr 2:3-5).

Las piedras sólo se parten empleando diligentemente la fuerza del martillo, y el picapedrero normalmente trabaja de rodillas. Use el martillo de la diligencia y ejercite la rodilla de la oración. No hay doctrina pedregosa revelada cuyo entendimiento sea beneficioso que no haya que desmenuzar en pedazos mediante el ejercicio de la oración y la fe. «Haber orado bien es haber estudiado bien», reza la sabia máxima de Lutero. Uno puede abrirse camino en cualquier circunstancia mediante la fuerza de la oración. El pensamiento y el razonamiento pueden ser como cuñas de acero que abren el camino a la verdad, pero la oración es la palanca que fuerza el cofre del misterio sagrado. El reino del cielo aún sufre violencia, y los violentos lo arrebatan. Si usted se cuida de hacer su trabajo con la potente herramienta de la oración, nada podrá resistirle.

Sin embargo, no conviene detenerse ahí. Aunque se haya aplicado el texto a un caso, es aplicable a ciento. Escogeremos otro ejemplo. *El santo puede esperar descubrir una experiencia más honda* y conocer más de la vida espiritual si dedica mucho tiempo a la oración. Hay varias versiones del texto. «Clama a mí, y yo te responderé, y te enseñaré cosas grandes y ocultas que tú no conoces». Otra dice así: «Clama a mí y te responderé, y te daré a conocer cosas grandes y ocultas que tú no sabes». No todos los aspectos de la vida espiritual se consiguen con la misma facilidad. Toda la familia de Dios comparte sentimientos y estados de ánimo similares de arrepentimiento, fe, gozo y esperanza. Pero hay un ámbito superior de éxtasis, comunión y unión consciente con Cristo que está lejos de ser morada común de los creyentes. Todos los creyentes ven a Cristo, pero no todos ponen el dedo en las llagas que le dejaron los clavos o meten su mano en el costado herido. No todos tienen el gran privilegio que tuvo Juan de recostarse en el regazo de Jesús ni son arrebatados al tercer cielo como lo fue Pablo. En el arca de la salvación hay primero, segundo y tercer pisos; todos están en el arca, pero no todos en la misma planta.

Muchos cristianos sólo entran hasta los tobillos en el río de la experiencia. Algunos vadean la corriente hasta las rodillas. Unos pocos osan adentrarse hasta que el agua les cubre los hombros. Pero muy pocos descubren que pueden nadar en el río, en cuyo fondo no pueden hacer pie. Hay niveles de conocimiento experimental de las cosas de Dios que el ojo de águila de la sutileza y el pensamiento filosófico nunca han percibido. Hay sendas secretas por las que el cachorro del león de la razón y el juicio aún no ha aprendido a transitar. Sólo Dios puede llevarnos hasta allí, pero la carroza que nos transporta y el brioso corcel que tira de ella es la oración que prevalece.

La oración prevaleciente es eficaz para con el Dios de misericordia: «Con su poder venció al ángel. Venció al ángel, y prevaleció; lloró, y le rogó; en Bet-el le halló, y allí habló con nosotros» (Os 12:3-4). La oración prevaleciente lleva al cristiano hasta el monte Carmelo y le capacita para cubrir el cielo con nubes de bendición y la tierra con diluvios de misericordia. La oración prevaleciente lo eleva hasta el monte Pisga (Nebo) y le muestra la herencia que le está reservada. Lo eleva al monte Tabor y lo transfigura, hasta que, a semejanza de su Señor, como Él es, sea también el creyente en este mundo. Si desea alcanzar cotas superiores a la experiencia común, fíjese en la Roca más alta que usted, y mire con el ojo de la fe por las ventanas de la oración importuna. Para crecer en experiencia, debe abundar la oración.

Permítaseme aplicar este texto a otros dos o tres casos. La persona que *sufre pruebas* y espera en Dios en oración recibirá, ciertamente, mayor liberación que pudo jamás soñar: «Te acercaste el día que te invoqué; dijiste: No temas. Abogaste, Señor, la causa de mi alma; redimiste mi vida» (Lm 3:57-58). Y David experimentó lo mismo: «Desde la angustia invoqué a JAH, y me respondió JAH poniéndome en lugar espacioso...Te alabaré porque me has oído, y me fuiste por salvación» (Sal 118:5, 21). Y una vez más: «Entonces clamaron a Jehová en su angustia, y los libró de sus aflicciones. Los dirigió por camino derecho, para que viniesen a ciudad habitable» (Sal 107:6-7). «Tu siervo mi marido ha muerto», dijo la pobre mujer, «y ha venido el acreedor para tomarse dos hijos míos por siervos» (1 Re 4:1). Ella esperaba que Elías le respondiera: «¿Cuánto debes? Yo lo pagaré». Pero en vez de ello, le multiplicó el aceite y le dijo: «Vé y vende el aceite, y paga a tus acreedores; y tú y tu hijo vivid de lo que quede» (2 Re 4:7).

A menudo sucede que Dios ayuda a su pueblo a atravesar las ciénagas que cruza el camino y lo lleva a buen puerto. Cuando Jesucristo anduvo sobre el mar tormentoso y sus discípulos le recibieron en la barca, el mar se calmó de inmediato, pero además, está escrito que la embarcación: «Llegó en seguida a la tierra adonde iban» (Juan 6:21). Este fue un favor adicional que no habían esperado. A veces oigo a creyentes orar y citar algo que no es bíblico: «Él puede hacer mucho más de lo que *podemos* pedir o incluso pensar». No sé qué podemos pedir o pensar. Pero la Biblia dice: «Y a Aquel que es poderoso para hacer todas las cosas mucho más abundantemente de lo que pedimos o entendemos» (Ef 3:20). Cuando nos hallamos en medio de grandes pruebas, digamos: «Ahora estoy encarcelado. Oraré como Jeremías, porque se me ha encomendado hacerlo; y como él, esperaré que Dios me muestre las misericordias que me tiene reservadas y que todavía no conozco». Dios no sólo ayuda a su pueblo en medio de la batalla, sino que lo conduce a la victoria alzando pendones ondulantes, repartiendo el botín con los poderosos y reclamando su porción con los fuertes. Espere grandes cosas de un Dios que hace promesas tan grandes como éstas.

Nuestro texto *estimula al obrero cristiano*. Muchos creyentes hacen algo para Cristo. Espere en Dios, en oración, pues cuenta con la promesa de que Él hará por usted cosas más grandes de las que puede imaginar. Ignoramos el potencial útil que podemos abarcar. La quijada del asno cae en manos de Sansón y ¿qué *no* podrá éste hacer con ella? Nadie sabe lo que puede hacer con ella la mano de Sansón. Y usted ha pensado de sí mismo que es tan despreciable como ese hueso y ha dicho: «¿Qué puedo hacer?». Pero cuando el Espíritu de Cristo se hace cargo de usted ¿qué no podrá hacer entonces? Ciertamente, podrá adoptar el lenguaje de Pablo y afirmar: «Todo lo puedo en Cristo que me fortalece» (Fil 4:13). No obstante, no hay que esperarlo todo de la oración sin realizar ningún esfuerzo. Hay muchos creyentes que parecen ser muy poderosos en la oración y espléndidos en súplicas, y piden a Dios que haga lo que pueden hacer ellos mismos, y en consecuencia, Dios no hace nada por ellos. Atienda a la voz de la experiencia y la sabiduría decir: «Dé lo mejor de sí. Trabaje como si todo dependiese de su esfuerzo, como si fuese su brazo el que le provee salvación. Y cuando haya hecho todo, descanse en Aquel sin el cual es en vano levantarse temprano y acostarse tarde y comer pan de aflicción. Y si le proporciona éxito en sus empresas, dele a Él la alabanza».

Esta promesa debería ser útil para consolar a los que interceden por otros. Usted que invoca a Dios para que salve a sus hijos y bendiga a sus vecinos, para que tenga misericordia de su marido o de su esposa consuélese con esto: «Te enseñaré cosas grandes y ocultas que tú no conoces». No es posible imaginar cuán grande será la bendición de Dios. Acuda no más y permanezca ante su puerta, pues ignora lo que Él tiene reservado para usted. Rut fue a espigar unos cuantos granos, pero Booz dijo: «Que recoja también espigas entre las gavillas, y no la avergoncéis» (Rut 2:15). Es más, a la hora de comer le dijo: «Ven aquí, y come del pan, y moja tu bocado en el vinagre» (Rut 2:14). Rut halló marido donde sólo esperaba encontrar un puñado de cebada. Así pues, al interceder por otros, Dios puede concedernos tales misericordias que nos llevemos grandes sorpresas, ya que esperábamos muy poco. Oiga lo que se dijo de Job y aprenda su lección: «Mi siervo Job orará por vosotros; porque de cierto a él atenderé para no trataros afrentosamente, por cuanto no habéis hablado de mí con rectitud como mi siervo Job...Y quitó Jehová la aflicción de Job cuando él hubo orado por sus amigos; y aumentó al doble todas las cosas que habían sido de Job» (Job 42:8, 10).

Ruego a Dios que usted asimile este texto, que el mismo Dios le hable a través de él: «Clama a mí, y yo te responderé, y te enseñaré cosas grandes y ocultas que tú no conoces». Tome a Dios por su Palabra. Entre en su cuarto, cierre la puerta y ponga a Dios a prueba. Póngale a prueba, desafíele, y compruebe si es o no veraz. Si Dios es veraz, no puede implorar misericordia de su mano, por medio de Jesucristo, y recibir respuesta negativa. Él debe —su promesa y su carácter le obligan a hacerlo— abrir la puerta de la misericordia a Jesús. Clame, pues, a Dios con su voz sabiendo que su respuesta de paz ya está en camino. Recíbala.

¡Y pensar que gente insignificante como nosotros podemos hablar con Dios y en razón a esa influencia conmover mundos! Sin embargo, aunque las oraciones son oídas la creación no sufre perturbación alguna. Aunque los deseos más grandes obtengan respuesta, la providencia no se verá alterada ni por un instante. Ni una hoja caerá del árbol antes de tiempo, ni una estrella se desviará de su curso, ni una gota de agua escurrirá de la fuente con más lentitud —todo seguirá igual—, si bien sus oraciones lo habrán afectado todo. Hablarán con los decretos y propósitos de Dios en tanto que son diariamente cumplidos; y los decretos gritarán a su oración: «Tú eres nuestra hermana; nosotros somos decretos; pero aunque seas oración, eres también un decreto, tan firme y tan antiguo como nosotros». Nuestras oraciones son decretos de Dios manifestados de distinta forma. Las oraciones del pueblo de Dios no son más que sus promesas nacidas de corazones vivos, y esas promesas son los decretos, sólo que manifestados de otra forma y manera.

4

Verdadera oración, verdadero poder

Por tanto, os digo que todo lo que pidiereis orando, creed que lo recibiréis y os vendrá —Marcos 11:24

Este versículo tiene algo que ver con la fe que obra milagros, pero aún más con el milagro de la fe. Creo que este versículo no sólo es un legado de los apóstoles, sino de todos los que andan en la fe de ellos y creen las promesas del Señor Jesucristo. El mismo consejo que Cristo dio a los doce y a sus seguidores más íntimos nos da también a nosotros en su Palabra. Que siempre obtengamos gracia para obedecerlo.

Hay muchas personas que se quejan porque no disfrutan de la oración. No la abandonan, porque no se atreven, pero lo harían si se atrevieran, porque están muy lejos de hallar placer en ella. ¿No lamentamos a menudo que el carro de la oración ande sin ruedas, y avancemos pesadamente cargados de súplicas? Dedicamos el tiempo acostumbrado a orar, pero no experimentamos renovación. En sucesivas ocasiones la conciencia nos empuja a postrarnos, pero no hay disfrute de dulce comunión con Dios. No exponemos necesidades con la plena convicción de que Él las va a suplir. Después de repetir ciertas frases rutinarias, puede incluso que nos levantemos con conciencia más turbada y mente más intranquila que antes de orar. Muchos cristianos se quejan de orar no tanto por la bendición que les supone tener permiso para acercarse a Dios, sino porque deben orar, porque es su obligación, porque sienten que si no lo hacen, pierden una de las claras evidencias que conlleva el ser cristiano. Si este es su caso, no le condeno, pero si consigo ayudarle a levantarse de un estado de gracia tan bajo a una atmósfera superior, más saludable, mi alma se henchirá de gozo. Dios tiene un camino más excelente para la oración. Es posible que ésta se convierta en uno de los ejercicios más deleitosos de su vida. Si la llega a estimar más que la comida necesaria y valorar como uno de los grandes lujos del cielo, con certeza habré cumplido un gran objetivo y usted tendrá que dar gracias a Dios por esta gran bendición.

Fíjese en el texto

Si examina el versículo detenidamente, percibirá las cualidades esenciales, necesarias para obtener gran éxito y eficacia en la oración. Según la define nuestro Salvador, la oración debe tener siempre *objetos definidos* por los que rogar. Habla de *cosas* —«todo lo que pidiereis»—. Parece implicar que los hijos de Dios no se acercarían a Él en oración si no tuvieran nada que pedirle. Otro elemento esencial de la oración es *deseo ferviente*, ya que el Maestro especifica claramente que cuando se ora se manifiestan deseos. A menos que haya plenitud y abundancia de deseos, no habrá oración. Podrá asemejarse a la oración —en su forma externa o esqueleto desnudo— pero no será auténtica plegaria, esa actividad prevaleciente y todopoderosa llamada oración.

Observe también que la fe es una cualidad esencial de la oración exitosa —«creed que lo recibiréis»—. Uno no puede ser oído en el cielo ni contestado para satisfacción de su alma si no cree que Dios realmente le oye y le responde. Otra cualidad aparece en la superficie, a saber: una *expectativa consciente* debe ir siempre acompañada de una fe firme —«creed que lo recibiréis»—. No sólo hay creer que «se recibirá algo», sino que «se recibe»: se cuenta con ello como si ya se hubiera recibido y se actúa como si ya se poseyera, como si uno estuviera seguro de tenerlo —«Creed que lo recibiréis, y os vendrá»—. Repasemos estas cuatro cualidades, una por una.

Para lograr que la oración sea valiosa *debe de haber objetos definidos por los que rogar*. A menudo divagamos en pos de esto y lo otro, y no recibimos nada porque no deseamos nada. Mencionamos temas variados, pero el alma no se concentra en ninguna cosa concreta. ¿No se arrodilla usted nunca sin antes saber qué desea pedir a Dios? Lo hace por hábito, sin motivo claro. Es como entrar en una tienda sin saber lo que uno quiere comprar. Quizás haga una buena adquisición una vez que ha entrado, pero ésta no es, obviamente, una manera sabia de actuar. Del mismo modo, el cristiano cuando ora puede conseguir un deseo genuino y alcanzar su propósito, pero cuánto mejor sería si, después de preparar su alma en meditación y examen de conciencia, acudiera a Dios para solicitar el objeto que se propone conseguir con una verdadera petición.

Nunca se nos pasaría por la cabeza presentarnos ante la reina de Inglaterra y después pensar qué podemos pedirle. Asimismo, el hijo de Dios debe ser capaz de responder a esta pregunta crucial: «¿qué quieres? Te será hecho». Imagínese un arquero que dispara el arco sin saber dónde está el blanco. ¿Cabe esperar que tenga éxito su lanzamiento? Considere un barco que zarpa para emprender un viaje de exploración sin que el capitán tenga la más remota idea de lo que sale a buscar. ¿Cabe esperar que regrese con carga abundante de descubrimientos científicos o grandes tesoros? En todo lo que se emprende hace falta un plan. Nadie va al trabajo sin saber lo que se propone hacer. ¿Cómo va a presentarse ante Dios ignorando lo que pretende conseguir?

La oración no puede resultar tediosa o monótona si uno se propone alcanzar alguna cosa. Estoy persuadido de que anhelaría alcanzarla. Se diría: «Deseo algo. ¡Cómo quisiera acercarme a mi Dios y pedírselo! Tengo una necesidad, quiero que sea satisfecha y aguardo con impaciencia estar a solas para derramar mi corazón delante de Él para pedirle lo que ardientemente anhela mi alma». Su oración será más provechosa si tiene propósitos que alcanzar, así como personas que mencionar. No ruegue a Dios por los pecadores en general, sino mencione siempre alguno en particular. Si es maestro de escuela dominical, no se limite a pedir que su clase sea bendecida, sino ore por los niños nombrando a cada uno delante del Altísimo. Y si ansía que su hogar sea de alguna manera bendecido, sea simple y directo en su súplica a Dios.

Cuando ora a Él dígale lo que desea. Si no tiene bastante dinero, o atraviesa alguna estrechez, especifique el caso. No muestre falsa modestia ante Dios. Vaya al grano y hable honestamente con Él. No necesita recurrir a una retórica florida como la que usan los hombres cuando evitan decir lisa y llanamente lo que piensan. Si tiene necesidad de mercedes espirituales o materiales, pídalas. No escudriñe la Biblia para rebuscar palabras para expresarse. Exprese sus deseos en palabras que acuden a su memoria de manera natural. Son las mejores que uno puede usar; apóyese en ellas. Las palabras de Abraham fueron las mejores para él. Y las suyas, las mejores para usted. No tiene por qué estudiar los textos de las Escrituras para intentar orar como hacían Jacob y Elías, usando sus mismas expresiones. Si lo hace, no hará sino imitarles. Podrá imitar sus palabras, pero carecerá del espíritu que las inspiró y animó. Ore con sus propias palabras. Exponga francamente a Dios lo que desea. Nombre personas, cosas, apunte directamente al objeto de sus súplicas, y estoy seguro de que la fatiga que con tanta frecuencia le anega cuando intercede no caerá más sobre usted, o al menos no tan a menudo como antes.

«Pero —dirá alguno— siento que no tengo nada especial por que orar». Bien, no sé quién es usted ni dónde vive para no tener ningún motivo de oración. Por lo que a mí respecta, compruebo que cada día acarrea su propio problema o necesidad que debo presentar ante mi Dios. Pero si no tuviera ningún problema, ¿habría logrado tal estatura en la gracia que no tendría nada que pedir? ¿Amo a Cristo tanto que no necesito pedirle que necesito amarle más? ¿Tengo tanta fe que he cesado de implorar: «Señor, auméntame la fe»? Estoy seguro de que, tras un pequeño examen de conciencia siempre se descubre algún objeto legítimo para llamar a la puerta de la Misericordia e implorar: «Concédeme, Señor, el deseo de mi corazón». Y si anda escaso de deseos, no tiene más que preguntar al primer cristiano que se encuentre, él le sugerirá alguno, es decir, «si no tiene nada por lo que orar —le dirá—, ore por mí». Ruegue a favor de la esposa postrada y enferma para que sane. Suplique al Señor que haga resplandecer la luz de su rostro sobre un corazón abatido. Pídale que ayude a algún ministro del evangelio que haya estado faenando en vano y consumiendo sus fuerzas para obtener resultados exiguos. Cuando haya acabado de orar por sí mismo, clame por otros, y si se queda sin personas por las que orar, acuérdese de las grandes Sodomas y Gomorras que se extienden en derredor.

Además de un motivo definido de oración, es también necesario que haya *un deseo ferviente de alcanzarlo*. «Las oraciones frías —ha señalado un teólogo— no aspiran más que a una respuesta negativa». Si pedimos algo al Señor sin pasión, en realidad detenemos su mano y le impedimos que nos conceda la bendición que estábamos buscando. Si realmente tiene un deseo, su alma estará tan a merced de su valor, tan dominada por su necesidad imperiosa, por el peligro que corre a menos que se le conceda, que se verá obligado a solicitarlo, como el hombre suplica que se le perdone la vida. Debemos desear una cosa con tal intensidad que no desistamos hasta conseguirla, aunque no sin habernos sometido a su divina voluntad. Por sentir que la cosa que pedimos no puede ser mala y que Él nos la ha prometido, entendemos que nos debe ser concedida, y si no lo fuere, la reclamaremos una y otra vez, hasta que tiemblen las puertas del cielo antes que cejar en el empeño. ¡Oh, esas oraciones pronunciadas por corazones fríos que fenecen en los labios, esas súplicas congeladas! No impresionan a los corazones humanos. ¿Cómo van a mover el corazón de Dios? No proceden del alma ni manan del surtidor secreto y profundo del corazón, por tanto, no pueden elevarse hasta Aquel que sólo oye el clamor del alma, ante Quien la hipocresía no puede tejer velo ni el formalismo disfrazarse. Debemos ser serios. De otro modo no tendremos derecho a esperar que el Señor oiga nuestra oración.

Si sospecháramos la grandeza del Ser ante quien suplicamos, evitaríamos la liviandad y nos mostraríamos esforzados, diligentes y cuidadosos con la oración. ¿Vendré ante tu presencia, oh Dios mío, y te escarneceré con palabras frías como témpanos? ¿No se cubren el rostro los ángeles delante de tu faz? ¿Me conformaré con parlotear una forma de oración sin alma ni corazón? Ignoramos cuántas oraciones son abominación delante del Señor. ¿No sería afrentoso para usted y para mí que la gente nos pidiera por la calle algo que no quieren recibir? ¿No hemos hecho nosotros lo mismo con Dios? ¿No hemos convertido la más grande bendición que ha preparado el cielo para el hombre en una obligación seca y mortecina? Se dice de John Bradford que tenía un arte peculiar para orar, y cuando se le preguntaba cuál era su secreto, decía: «Cuando sé lo que quiero, me detengo en esa petición hasta sentir que mi súplica ha sido suficiente, y hasta que Dios y yo hemos negociado mutuamente al respecto. Nunca paso a una nueva petición hasta haber concluido la primera».

Pero, ¡ay!, algunos creyentes comienzan diciendo: «Padre nuestro que estás en los cielos, santificado sea tu nombre», y sin advertir que esta última frase implica un acto de adoración —«santificado sea tu nombre»— se lanzan a repetir las siguientes palabras: «Venga tu reino». Entonces puede que piensen: «¿Deseo realmente que su reino venga? Si viniese en este momento, ¿dónde debería encontrarme yo?». Pero mientras piensan esto, repiten mecánicamente: «Hágase tu voluntad, como en el cielo, así también en la tierra». Así revuelven sus oraciones y enlazan las frases. Usted, empero, deténgase en cada una de ellas hasta orar de verdad. No intente poner de una sola vez dos flechas en el arco, porque errarán el blanco. Presente su petición a Dios y prevalezca, y después pase a la siguiente. Obtenga la primera misericordia y después presente la segunda. No se conforme con mezclar los colores simbólicos de sus oraciones, hasta pintarrajear y emborronar la imagen, hasta que sólo queda una gran mancha de colores superpuestos. Fíjese en el Padrenuestro. ¡Qué delimitaciones claras y agudas contiene! En él se distinguen ciertas misericordias bien definidas, pero no se superponen unas sobre otras. En su conjunto aparece cual un cuadro magnífico en el que no reina la confusión, sino un orden hermoso. Que sus oraciones sean tal cual. Insista en cada petición hasta prevalecer en ella, y luego pase a la siguiente. Con objetos definidos y deseos fervientes, bien combinados, se aproxima la alborada de esperanza en la que ha de prevalecer ante Dios.

Un objeto definido y un deseo ferviente no servirían si no estuvieran mezclados con un elemento más divino y esencial, a saber, *una fe firme en Dios.* ¿Cree usted en el poder de la oración? Hay muchos cristianos que no creen. Creen que la oración es una buena cosa, que a veces obra maravillas, pero no creen que la oración —la verdadera oración— sea siempre exitosa. Piensan que la eficacia de la oración depende de muchas otras cosas y que no tiene cualidad esencial o poder en sí misma. Pero yo estoy profundamente convencido de que la oración es el poder más grande que hay en el universo. Tiene un poder omnipotente, como ninguna otra fuerza dada a conocer a la humanidad. La oración ejerce una influencia tan verdadera, tan real y tan valiosa sobre el universo como cualquiera de las leyes de la física. Cuando un hombre ora realmente, no es cuestión de que Dios le escuche o no: debe escucharle, pero no por la compulsión de la oración, sino porque hay una dulce y bendita compulsión en la promesa. Dios ha prometido oír la oración, y Él cumple su promesa. Es el Altísimo y verdadero Dios y no puede negarse a sí mismo.

¡Y pensar que gente insignificante como somos nosotros podemos hablar con Dios y en razón a esa influencia conmover mundos! Sin embargo, aunque las oraciones son oídas, la creación no sufre perturbación alguna. Aunque los deseos más grandes obtengan respuesta, la providencia no se verá alterada ni por un instante. Ni una hoja caerá del árbol antes de tiempo, ni una estrella se desviará de su curso, ni una gota de agua escurrirá de la fuente con más lentitud —todo seguirá igual—, si bien sus oraciones lo habrán afectado todo. Hablarán con los decretos y propósitos de Dios en tanto que son diariamente cumplidos; y los decretos gritarán a su oración: «Tú eres nuestra hermana; nosotros somos decretos; pero aunque seas oración, eres también un decreto, tan firme y tan antiguo como nosotros». Nuestras oraciones son decretos de Dios manifestados de distinta forma. Las oraciones del pueblo de Dios no son más que sus promesas nacidas de corazones vivos, y esas promesas son los decretos, sólo que manifestados de otra forma y manera. No diga: «¿Cómo pueden mis oraciones afectar a los decretos divinos?» No pueden, salvo en la medida en que sus oraciones sean decretos, de suerte que al ser enunciados, toda oración inspirada por el Espíritu Santo en su alma es tan omnipotente y eterna como ese decreto que ordenó: «Sea la luz; y fue la luz» (Gn 1:3).

Usted tiene poder por medio de la oración y un lugar entre los ministros más poderosos del universo que Dios ha creado. Tiene poder sobre los ángeles, que están prestos a obedecer su voluntad. Tiene poder sobre el fuego, el agua y los elementos de la tierra. Tiene poder para hacer que su voz sea oída más allá de las estrellas. Donde los truenos se acallan en el silencio, su voz despertará ecos en la eternidad. El oído de Dios escuchará, y la mano de Dios se moverá a su voluntad. Dios le manda clamar: «Hágase tu voluntad»; y su voluntad será hecha. Cuando usted pueda implorar su promesa, entonces su voluntad será la Suya.

¡Qué cosa tan tremenda es tener el poder de la oración entre manos!» Usted ha oído a veces hablar de hombres que han afirmado tener poderes extraños por el que derraman cortinas de lluvia o hacen detener el sol. No es más que invención de su imaginación, pero el poder de la oración en la vida del creyente es maravilloso. Si el cristiano tiene fe en Dios, nada le es imposible. Será librado de las aguas profundas, rescatado de los problemas más angustiosos, alimentado en la hambruna, en medio de la calamidad caminará firme y robusto y en el día de batalla levantará su cabeza —porque confía en la promesa—, la mantendrá levantada ante los ojos de Dios y le suplicará con el poder de una confianza inquebrantable.

No hay fuerza comparable ni energía tan maravillosa como la que Dios otorga a todo ser humano que, como Jacob puede luchar, y como Israel prevalecer, por medio de la oración. Pero hemos de creer que la oración es lo que es, de otro modo no cumplirá su propósito. A menos que yo crea que mi súplica es eficaz, no lo será, ya que depende en gran medida de mi fe. Dios puede concederme la merced aunque no tenga fe. Tal es su gracia soberana, pero no ha prometido hacerlo. Pero cuando tengo fe y puedo reclamar la promesa con anhelo ferviente, ya no es cosa de probabilidad el obtener la bendición, o que se cumpla mi voluntad. A menos que la voluntad Eterna se desvíe de su Palabra, a menos que el juramento que ha hecho sea revocado y Él cese de ser lo que es, «sabemos que tenemos las peticiones que le hayamos hecho».

Subamos ahora otro peldaño. Los objetos definidos, los deseos fervientes, la fe firme en el poder de la oración, deben ir mezclados de una *expectativa consciente*. Debemos ser capaces de contar las misericordias antes de haberlas recibido, y creer que están en camino. En el capítulo 10 del libro de Daniel, se expone claramente toda la maquinaria de la oración. Daniel ora postrado, y un ángel poderoso se presenta delante de él. El ángel habla con Daniel y le dice que tan pronto como éste dispuso su corazón para entender la visión que ha tenido, sus palabras fueron oídas, y el Señor le envía el ángel. Después el ángel le expone de la manera más lógica que debería haber llegado antes: «Mas el príncipe del reino de Persia se me opuso durante veintiún días; pero he aquí Miguel, uno de los principales príncipes, vino para ayudarme… He venido para hacerte saber lo que ha de venir». Vea cómo Dios insufla el deseo en nuestro corazón, y tan pronto como éste cobra forma, antes de llamar, Él comienza a responder. Antes que las palabras lleguen al cielo, mientras todavía tiemblan los labios —conociendo las palabras que se han de decir— Él comienza a responder, envía el ángel y otorga la bendición necesaria. Es una revelación para los ojos espirituales.

Algunas personas piensan que las cosas espirituales son sueños y que hablamos de cosas imaginarias. Yo creo que hay tanta realidad en la oración de un cristiano como en un relámpago, y la utilidad y la excelencia de la oración de un creyente pueden ser verificadas lo mismo que el poder del relámpago cuando cae sobre un árbol, arranca sus ramas y lo desgaja. La oración no es imaginación ni ficción. Es una empresa real y genuina que obliga al universo, ata a las propias leyes de Dios con cadenas y constriñe al Dios Santo y Altísimo a escuchar la voluntad de la pobre, pero favorecida criatura humana. Pero tenemos que creer en esto siempre. Es necesario tener conciencia cierta en la oración y ¡contar las mercedes antes de que lleguen! Es necesario tener la certeza de que éstas van a llegar y actuar como si se hubieran recibido. Una vez que ha pedido el pan de cada día, no se preocupe; crea que Dios le ha oído y que se lo va a conceder. Cuando haya llevado a su hijo enfermo delante de Dios, crea que el niño se va a recuperar, o en caso contrario, que será de mayor bendición para usted y de mayor gloria para Dios, por lo cual, déjelo en sus manos. Ha de poder decir: «Yo sé que me has oído». Buscaré a mi Dios y escucharé lo que tiene que decir a mi alma». ¿Se ha sentido decepcionado después de orar con fe y esperar una respuesta? Yo doy mi propio testimonio de que siempre que he confiado en Él nunca me ha fallado. He confiado en los hombres y he sido engañado, pero Dios jamás me ha negado la petición que le he hecho cuando he respaldado mi solicitud con la firme creencia en su disposición a escuchar y cumplir su promesa.

Pero oigo por ahí decir: «¿Podemos orar por asuntos mundanos?» «Por nada estéis afanosos, sino sean conocidas vuestras peticiones delante de Dios en toda oración y ruego, con acción de gracias (Fil 4:6). La oración no procura satisfacer meramente necesidades espirituales, sino también cotidianas. Llévele sus pequeñas pruebas. Es el Dios de su casa y el Dios del santuario. Cuéntele siempre todo lo que le ocurre. Pidamos a Dios el dulce hábito de presentarlo todo delante de Él, como hizo Ezequías con la carta del Rabsaces (Is 37:14), diciendo: «Que se haga tu voluntad, dejo todo en tus manos». Se dice de George Muller de Bristol que es un entusiasta porque reúne a setecientos niños y cree que Dios suplirá sus necesidades. Créame, Muller no es un entusiasta. Sólo hace lo que debería ser un acto normal de todo cristiano. Actuar conforme a una norma ante la que el mundo siempre se mofa porque no la comprende. Es un sistema que siempre parece ilusorio y romántico al juicio débil de los sentidos, pero no así al hijo de Dios. Muller no actúa basándose en el sentido común, sino en algo superior: una fe excepcional. ¡Que Dios nos conceda esa fe excepcional para fiarnos de su Palabra! No puede permitir que el hombre que en Él confía sea avergonzado o confundido.

Mire en derredor

Una vez establecidos los que creo que son cuatro elementos esenciales de la oración que prevalece, eche un vistazo a sus reuniones de oración y su intercesión privada y júzguelas a tenor de este texto: «Todo lo que pidiereis orando, creed que lo recibiréis, y os vendrá». Fíjese en las reuniones de oración a las que asiste. ¿No sucede que al participar en la reunión siente que si se le invita a orar tiene que ejercer un don? Y ese don, en el caso de muchos, depende de una buena memoria para recordar muchos textos que se vienen citando desde los tiempos de nuestros tatarabuelos. En algunas iglesias ese don depende también de unos buenos pulmones para poder orar en voz alta sin tomar aliento en cinco minutos. El don descansa también en la habilidad de no pedir nada en particular, sino en discurrir por una gama de cosas en la que se incluye todo. Hace que la oración sea como una máquina inclasificable, cuya utilidad es indefinible, en vez de una flecha bien afilada. Pretendía tener gran filo, apuntar a todas las cosas, pero no acierta a dar en ninguna. A los hermanos que tienen esos dones peculiares, y quizás excelentes, se les suele pedir frecuentemente que oren, aunque, desde luego, debo decir que no puedo obedecer el precepto del apóstol y procurar con ahínco tales dones.

Por el contrario, supongamos que se pide orar a un hombre que nunca lo ha hecho en público. Es posible que se levante y diga: «Oh Señor, ¡me siento tan pecador que apenas puedo dirigirme a ti! Señor, ayúdame a orar. Señor, salva mi pobre alma. Salva a mis antiguos amigos. Señor, bendice a nuestro pastor. Que sea de tu agrado el concedernos un avivamiento. Señor, no puedo decir nada más. Óyeme, ¡en el nombre de Jesús! Amén. Bueno, tendrá la sensación de que usted mismo ha comenzado a orar. Sentirá un interés especial por ese hombre, en parte porque teme que se detenga, y en parte porque está seguro de que ha sido sincero. Y si después de él otro hombre orase en el mismo espíritu, es probable que usted dijera: «Esto es verdadera oración». Prefiero tres minutos de oración de esta clase que treinta de la otra, porque la una es oración y la otra es intentar predicar. Permítanme que mencione el consejo de un viejo predicador tocante a la oración: «Recuerde, el Señor no le escuchará por la *aritmética* que rige sus plegarias ni hará recuento de números. No escuchará la *retórica* de sus oraciones, ni prestará atención a la elocuencia con que las expone. No le escuchará por la *geometría* que despliegan ni medirá su anchura o su longitud. No estimará su musicalidad ni apreciará su armonía o dulzura de voz. Tampoco tendrá en cuenta la *lógica* de sus oraciones, si están bien ordenadas y excelentemente divididas. Pero le oirá y medirá las bendiciones que le va a conceder con arreglo a la pureza o sinceridad de sus ruegos. Si usted puede suplicar a la persona de Jesucristo, y si el Espíritu Santo le inspira con celo y fervor, las bendiciones que solicite con seguridad le vendrán».

Me gustaría quemar todo el cúmulo de oraciones tradicionales, jerga espiritual y multitud de citas confeccionadas, descoyuntadas y repetidas por aquí y por allá. Me gustaría que nos acercáramos a hablar con Dios con sencillez de corazón. Sería muy bueno para nuestras reuniones de oración. Habría más asistencia y más fruto si toda persona se sacudiese el hábito de la formalidad y se dirigiera a Dios como un niño habla con su padre, para pedirle lo que quiere y sentarse a esperarlo. Digo esto con sinceridad cristiana. A menudo, debido a que no opto por orar de manera convencional, la gente dice: «Ese hombre no es reverente». Pero ellos no pueden erigirse en jueces de mi reverencia. Sólo para mi Maestro estoy de pie o caigo. Pienso que Job no citó a nadie. No creo que Jacob citara a su venerable abuelo Abraham. No veo que Jesús citara pasajes de Escritura para orar. Ellos no oraron invocando palabras ajenas; usaron las suyas propias. Dios no quiere que usted recoja las exquisitas, pero añejas especias del viejo santuario. Él quiere el aceite nuevo, recién destilado, del olivar de su alma. Quiere especias e incienso, pero no extraídos de los viejos cofres en que estuvieron guardados hasta perder su sabor. Él quiere incienso y mirra frescos, sacados del oro puro de ofir de su propia experiencia. Trate de orar de verdad: no aprenda un lenguaje, sino procure el espíritu de la oración y el Dios Todopoderoso le bendecirá y hará que sus súplicas sean más poderosas.

Me gustaría que usted examinara sus oraciones privadas. Puede ocurrir que los goznes de la puerta de acceso a su cámara de oración estén oxidados, aunque abran y cierren a tiempo. Tal vez las puertas estén cerradas y con telarañas. O quizás no haya descuidado la oración, pero ¡ay, si las paredes de su cuarto hablaran! Puede que dijeran: «¡Te hemos oído cuando tenías tanta prisa que apenas pasabas dos minutos con tu Señor! Te oímos entrar y dedicar diez minutos, pero sin pedir nada o, al menos, no con el corazón. Movías los labios, pero tu corazón guardaba silencio. Te oímos gemir con el alma, pero alejarte con desconfianza, sin creer que tu oración había sido oída, citar la promesa, pero sin creer que Dios la iba a cumplir». Ciertamente, las paredes podrían habernos caído encima porque tan a menudo hemos insultado a Dios con nuestra incredulidad, apresuramiento o toda clase de pecados. Le hemos insultado incluso ante el propiciatorio, que es precisamente el lugar donde más plenamente se manifiesta su condescendencia. ¿O no es este su caso? ¿No debiéramos todos confesar el mismo pecado? Ocúpese, pues, de hacer enmienda, y que Dios le conceda más poder y más éxito que nunca en esta empresa.

Mire a lo alto

Miremos a lo alto y prorrumpamos en llanto. Tú nos has dado un arma potente, y nosotros hemos permitido que se oxide. Nos has concedido algo tan poderoso como tu mismo Ser, y nosotros hemos consentido que ese poder permanezca inactivo. ¿No sería un crimen dar a alguien ojos que no se abren o manos que no se levantan? ¡Qué diremos de nosotros mismos por cuanto Dios nos ha concedido poder en la oración —un poder incomparable, lleno de bendición para nosotros y de incontables misericordias para los demás— y, a pesar de ello, ese poder se mantiene aletargado! Si el universo se mantuviese tan inmóvil como nosotros, ¿dónde estaríamos? Oh Dios, Tú das luz al sol y él resplandece. Das luz a las estrellas y ellas titilan. A los vientos das fuerza y ellos soplan. Al aire das vida, y él se mueve, y los hombres lo respiran. Has dado a tu pueblo un don mejor que la fuerza y la vida y la luz y, sin embargo, permitimos que quede quieto. Casi hemos olvidado esgrimir el poder, rara vez lo ejercemos, aunque sería de bendición para decenas de miles de personas. Llore, creyente. Hemos sufrido derrota y nuestro pendón se arrastra por el polvo porque no hemos orado. Vuelva a su Dios y confiésele que usted estaba armado y llevaba flechas pero huyó en el día de la batalla. Acuda a su Dios y dígale que si las almas no se salvan no es porque Él no tenga poder para salvar, sino porque usted no se ha fatigado por los pecadores que perecen. Su espíritu no se ha conmovido. Despierte, despierte, y cúbrase de espanto: usted ha descuidado la oración. Luche y esfuércese ante su Dios, y la bendición llegará —la lluvia temprana y tardía de su misericordia—, y la tierra dará fruto en abundancia, y todas las naciones le llamarán Bendito. Alce, pues, los ojos y llore.

Una vez más, alce los ojos y regocíjese. Aunque haya pecado contra Dios, Él todavía le ama. No ha buscado su rostro, pero he aquí que Él sigue insistiendo: «Buscad mi rostro». No dice: «Me buscaréis en vano». Tal vez usted no haya acudido a la fuente, mas ésta sigue fluyendo igual que antes. Ha cerrado los ojos para no ver el sol, pero éste sigue brillando sobre usted con todo su resplandor. No se ha acercado a Dios, pero Él aún le espera pacientemente y está dispuesto a oír todas sus peticiones. He aquí, que Él le dice: «Pregúntame acerca de las cosas que vendrán; respecto a mis hijos y mis hijas, pídeme». ¡Qué bendición es que el Maestro celestial esté siempre dispuesto a oírnos! Siempre hay un oído atento si usted abre su boca. Siempre habrá una mano lista si usted dispone su corazón. No tiene más que clamar y el Señor le atenderá; Y aun antes de que clame, Él le responderá, y mientras aún esté hablando, le oirá. Acuda a Él en todo tiempo, y dondequiera que se encuentre, eleve su corazón en silencio. Y cualquiera que sea su petición o su ruego, pídaselo en el nombre de Jesús y le será hecho.

Le encarezco una vez más, mire a lo alto y cambie sus oraciones de ahora en adelante. Ya no estime la oración como una ficción romántica o un deber tedioso, sino como un poder real, un verdadero placer. Yo creo que hay muchos grandes ingenieros que han diseñado y construido obras admirables, no porque fueran compensados, sino sencillamente porque anhelaban exhibir su capacidad para realizar maravillas. ¿Cómo es que el gran Ingeniero, capaz de hacer obras gloriosas y desplegar su poder, le otorga un poder mucho mayor que el que puede ejercer cualquier hombre sin su Dios, y usted lo descuida, o no lo ejerce, o lo esconde? Piense en algún gran objeto y tense los músculos de sus súplicas. Que cada vena de su corazón rebose con la rica sangre del deseo; luche con Dios, pelee y esfuércese, esgrimiendo las promesas y reclamando los atributos de Dios, y compruebe si Dios no le concede el deseo de su corazón. Le insto a retar en oración la abundancia del Maestro. Le arrojo el guante. Crea que Él es mucho mayor de lo que piensa. Abra tanto su boca que Él no pueda llenarla. Pídale más fe de la que le garantiza la promesa. Aventúrese, arriésguese, supere al Eterno si ello fuera posible. O por decirlo lisa y llanamente, preséntele sus peticiones y sus necesidades y vea si Él no le honra o no le responde. Compruebe si, creyendo, Él no cumple su promesa y le bendice ricamente con el aceite de la unción del Espíritu Santo por medio del cual será mucho más fuerte al orar. Él le atenderá, y usted orará como un príncipe victorioso. Y comparecerá un día como más que vencedor delante del trono rutilante del que reina por siempre sobre todos y es eternamente bendito.

¡Que el clamor sea potente! ¡Que prevalezca! ¡Que conmueva el cielo! ¡Que abra las puertas eternas! ¡Que no lo pueda resistir el brazo de Dios! ¡Un clamor de santos entretejidos en amor y llenos de santa pasión! Que su gran ruego sea el del sacrificio expiatorio, y ésta la gran carga de su corazón: «Oh Jehová, aviva tu obra en medio de los tiempos…en la ira acuérdate de la misericordia» (Hab 3:2). Bastaría con que Dios arrojase la piedra en las aguas estancadas de su iglesia para que grandes olas de avivamiento se extendiesen por todo el mundo. El reino de Dios se extenderá y de la presencia del Señor llegarán días de refrigerio. Digamos ahora en su presencia que aunque no le agradara oírnos al principio de nuestra súplica, nos proponemos esperar en Él hasta que tenga a bien hacerlo. Aún sigues escondido más allá de las montañas, pero nosotros te esperamos como los que anhelan que llegue la mañana. Pero no tardes, ¡oh Dios nuestro! ¡Apúrate, Señor Amado!

5

La oración que obtiene pronta respuesta

Al principio de tus ruegos fue dada la orden, y yo he venido para enseñártela, porque tú eres muy amado —Daniel 9:23.

La oración es útil de muchas maneras. Es, en sentido espiritual, lo que los médicos de la antigüedad buscaron de manera natural, a saber, un remedio de aplicación universal. No hay necesidad, infortunio o dilema en nuestra vida para los que la oración no aporte ayuda oportuna. En el caso que nos ocupa, Daniel había estado estudiando el libro de Jeremías y descubrió que Dios iba a completar las setenta semanas de desolación de Jerusalén (Dn 9:20). Pero sintió que había más por descubrir y volvió su rostro a Dios. Daniel tenía una mente noble y perspicaz, y se entregó con todas sus fuerzas a indagar el sentido de la profecía. Pero en vez de apoyarse en su propio entendimiento, se consagró inmediatamente a la oración, la llave maestra que abre misterios.

¿A quién pediremos explicación, si no podemos entender un escrito, sino al autor del libro? Daniel apeló enseguida al Gran Autor, en cuya mano Jeremías había sido pluma. En retiro solitario, el varón piadoso se arrodilló y clamó para que Dios le diera a conocer el misterio de la profecía: conocer el pleno significado de las setenta semanas, qué era lo que Dios se proponía hacer al final de ese periodo y cómo quería que se comportara su pueblo para ser librado de la cautividad.

Daniel pidió al Señor que desatara los sellos y abriera el libro, y fue oído y favorecido con el entendimiento que en vano hubiera buscado por otros medios. Lutero solía decir que parte de su discernimiento de las Sagradas Escrituras no se debía tanto a la meditación como a la oración. Todos los estudiosos de la Palabra de Dios le dirán que cuando los martillos del aprendizaje y la exégesis bíblica no aciertan a desmenuzar un texto pedregoso, la oración suele descubrir las ocultas pepitas de oro que encierra. Ofrecemos este sabio consejo a todo alumno de la Palabra de Dios que pretenda ser escriba docto: a su investigación en los comentarios, su indagación en los textos originales, su consulta de los expertos bíblicos, *añada siempre mucha oración ferviente*. Tenga la seguridad de que la antigua máxima: «Haber orado bien es haber estudiado bien», no sólo merece ser grabada en las paredes de las escuelas, sino también en las tablas de nuestro corazón. Si uno pone el Libro inspirado delante de sus atentos ojos y pide a Dios que le revele su significado, Él bendecirá su hábito de oración y pondrá su alma en la mejor disposición para acceder al significado escondido, oculto al ojo del sabio de este mundo. Es sorprendente lo que es claramente manifiesto a las almas mansas y humildes cuando buscan reverentemente la dirección de su Padre celestial.

El punto clave del texto al que quisiera atraer su atención es que la oración de Daniel fue *inmediatamente* atendida cuando aún estaba hablando. No siempre sucede así. La oración a veces ha de esperar, como el que pide a la puerta de un palacio, que el rey le conceda las bendiciones que solicita. El Señor —aun cuando haya concedido una gran fe— prueba las oraciones con dilatadas demoras. Permite que el eco de la súplica de sus siervos resuene en sus oídos como si rebotara en un cielo de bronce. Sus siervos llaman a la puerta dorada, pero ésta sigue cerrada, como si sus goznes estuvieran oxidados. Como Jeremías, los siervos han exclamado: «Te cubriste de nube para que no pasase la oración nuestra (Lm 3:44). Así han perseverado en la oración los siervos fieles esperando durante meses —e incluso años— sin recibir respuesta, no porque ellos no fueran fervientes o aceptados, sino porque así le plugo al Soberano que da a cada cual conforme a su designio. Si a Él le agrada ejercitar nuestra paciencia ¿no podrá hacer lo que quiera con lo suyo? Los mendigos no están en condición de elegir el momento, el lugar ni la forma de recibir lo que esperan.

No se deben interpretar las oraciones cuyas respuestas se retrasan como negativas. Los pagarés divinos a largo plazo serán puntualmente satisfechos. No debemos permitir que Satanás sacuda nuestra confianza en el Dios de verdad recordándonos oraciones no respondidas. Estamos comunicando con Aquel cuyos años no tienen fin, para quien un día es como mil años. Lejos sea de nosotros el tomar su tardanza como indiferencia interpretando sus hechos según la escasez de nuestros días. Las peticiones no respondidas no son descartadas. Dios guarda un archivo con todas nuestras súplicas, que no son arrastradas por el viento, sino atesoradas en los archivos del Rey. Hay un registro en la corte celestial donde toda oración es guardada. ¡Oh esforzado creyente!, sus suspiros y sus lágrimas no son estériles. Dios conserva un recipiente en el que se almacenan las costosas lágrimas de sagrada aflicción y un libro que contiene sus piadosos gemidos. Pronto prevalecerá su caso. ¿No puede esperar tranquilo un poco de tiempo? ¿No será mejor el tiempo de su Señor que el suyo? Pronto aparecerá para regocijo de su alma, le hará quitarse el cilicio y la ceniza de la larga espera y le vestirá el lino fino y escarlata de la plena complacencia.

No obstante, en el caso de Daniel, varón muy amado, no hubo que esperar nada. En el caso de Daniel, la promesa fue cierta: «Y antes que clamen, responderé yo; mientras aún hablan, yo habré oído» (Is 65:24). A Gabriel se le encargó volar con presteza, como si el vuelo de un ángel no fuera lo suficientemente veloz para entregar la merced de Dios. ¡Cuán rauda viaja la misericordia de Dios y cuán lenta es su ira! «¡Vuela —le dijo— lustroso espíritu y aprovecha al máximo tu potencia de vuelo! Desciende hasta mi siervo, que espera, y cumple su deseo.» El deseo de mi corazón y mi ferviente anhelo es que al comienzo de nuestra súplica podamos recibir respuesta del trono. Será de bendito ánimo y estímulo para orar con ardor más intenso, y motivo de mayor confianza en Dios, el ser favorecido como Daniel y recibir misericordias al principio de nuestras súplicas.

Teniendo en cuenta tal misericordia divina, hay dos puntos que requieren máxima atención: Primero, *hay razones para esperar tan pronta bendición, y segundo, hay maneras de desearla sinceramente y esperarla plenamente.*

¿Por qué Dios responde prontamente a la oración?

Dios contestará las oraciones de su pueblo al punto de ser elevadas si su corazón está listo para recibir respuesta. La naturaleza de tal disposición se puede deducir por comparación con la actitud de Daniel. La primera observación es que Daniel *había resuelto obtener la bendición que buscaba.* Note atentamente la expresión que empleó: «Volví mi rostro a Dios el Señor, buscándole en oración y ruego» (Dn 9:3). La actitud de su rostro expresa claridad de propósito, firme determinación, concentración atenta y resuelta perseverancia. «Volví mi rostro a Dios». Nunca conseguimos nada en este mundo hasta volver decididamente el rostro a Dios. Los guerreros que ganan batallas son los que están decididos a conquistar o morir. Los héroes que emancipan naciones son los que no temen el peligro ni tienen en cuenta las probabilidades en contra suya, mas están decididos a quebrar el yugo que oprime a su país. Los mercaderes que prosperan en este mundo son los que se entregan a los negocios de todo corazón y ansían obtener riqueza. El hombre poco entusiasta no llega lejos en la carrera de la vida, es normalmente despreciado por otros, y en su propia opinión es un infeliz. Si hay algo que vale la pena hacer, merece la pena hacerlo bien, y si no merece la pena hacerlo bien, los prudentes no lo hacen.

Esto es especialmente cierto por lo que respecta a la vida espiritual. Los dormilones no hacen cosas grandes para Dios ni en beneficio de la verdad. Las almas no se salvan por medio de los que apenas saben o no les importa si ellos mismos son salvos. Los indiferentes a la verdad o los que la estiman en poco no destronan errores. Los hombres de espíritu tibio y plan de acción transigente no forjan reformas en este mundo. Vale más un Lutero ardiente que veinte tibios como Erasmo, que sabía infinitamente más de lo que creía y quizás sentía más de lo que se atrevía a expresar. El que va a hacer algo por Dios, por la verdad, por la cruz de Cristo, debe afirmar su rostro y decidir servir a Dios con toda su voluntad. El soldado de Cristo debe afirmar su rostro como un pedernal, contra toda oposición, y al mismo tiempo, volver su rostro al Señor, con la misma atención que presta una criada a su señora. Si fuere llamado a sufrir por la verdad, deberá afirmar su rostro hacia el conflicto, como Jesús afirmó su rostro hacia Jerusalén. Para conquistar en esta guerra gloriosa y prevalecer ante el propiciatorio uno debe haber resuelto con toda su alma —después de madura reflexión, por razones muy poderosas para no tirar la toalla—, decidido que no se va a apartar del trono de gracia sin ser bendecido.

Nunca jamás fracasará en oración aquel que afirma su rostro para recibir la misericordia prometida. Si usted busca lo que debe y lo busca por medio de Jesucristo, y por fe en Él, el único requisito que le recomendamos observar para obtener éxito es afirmar su rostro hacia su consecución. Si sólo hubiera una docena de miembros en mi iglesia que afirman su rostro para promover un avivamiento, seguro que lo tendremos —no me cabe la menor duda—. Si sólo hubiere media docena —como los hombres de Gedeón, que lamieron el agua sin arrodillarse— que no se arredran ni se dejan intimidar por las dificultades, ni se vuelven atrás por causa de las decepciones, tan cierto como que Dios es Dios, Él prestará oído a sus plegarias. Y aunque el círculo se redujese a dos o tres, la promesa sigue en pie para dos de nosotros que se ponen de acuerdo para influir en alguna cosa que afecte al reino (Mt 18:19). Y si no hubiere ni siquiera dos, sino un solo siervo fiel —con tal que esté investido del espíritu y la pasión de Daniel—, aún prevalecería como hizo Daniel en sus días. No podemos dejar de volver el rostro al Señor. Yo suplico humilde, piadosamente, al Espíritu Santo de Dios que le conceda la solemne determinación de que en la obra con que sirve a Dios no se dé por satisfecho hasta que le sean otorgadas grandes respuestas. Esta fue la primera prueba de que Dios podía conceder de inmediato la bendición a Daniel, ya que el corazón del profeta estaba firme e inmutablemente resuelto, y nada podía hacerle cambiar de actitud. Nuestro Padre celestial hará con nosotros de igual manera.

Daniel *sintió profundamente la desgracia del pueblo por el que rogaba.* Fíjese en su expresión: «Nunca fue hecho debajo del cielo nada semejante a lo que se ha hecho contra Jerusalén» (Dn 9:12). El estado de la ciudad —sumida en ruinas, sus habitantes en cautiverio, sus hijos más ilustres desterrados hasta el cabo de la tierra— le afligía penosamente. No tenía un conocimiento superficial de la congoja de su pueblo, pues de lo más hondo de su corazón brotaba amarga copa de ajenjo y hiel. Si Dios se propone concedernos almas, Él nos preparará para tal honor haciéndonos sentir la profunda perdición de nuestros semejantes y la espantosa condenación que acarreará su ruina a menos que logren escapar. Le ruego que se aleccione a sí mismo hasta percibir el horror de la transgresión del pecador —¡con certeza, no es tarea extraña si recuerda su anterior estado y sus actuales tendencias!—. ¡Cuán abrasador fue el horno al que fue sometido su espíritu cuando la mano de Dios hizo sentir su peso sobre usted día y noche!

Me gustaría que tuviera una idea clara de la ira de Dios que amenaza a sus propios hijos, amigos, vecinos y familiares a menos que sean salvos. Cuán apropiado sería que nos entrara bien en el corazón la sincera creencia de que «los malos serán trasladados al Seol, todas las gentes que se olvidan de Dios (Sal 9:17), recordar que para todo el que rechaza a Cristo no queda nada sino «una horrenda expectación de juicio, y de hervor de fuego» (Heb 10:27), que su alma se derritiera por la pesantez de los lamentos de los espíritus perdidos —irrevocablemente, más allá de toda esperanza o todo sueño de alivio—; con certeza, usted se mostraría extremadamente diligente por la suerte que corren las almas. Se escucharían oraciones clamorosas si los creyentes se compadeciesen de la ruina de los hombres. Sería algo normal que las almas se derramaran en gemidos que no pueden ser expresados. Prevaleceríamos ante Dios por medio de la preciosa sangre de Jesús si sintiéramos intensamente la necesidad del pecador.

Daniel estaba dispuesto a recibir la bendición porque *sintió profundamente su propia indignidad*. No sé si el Salmo cincuenta y uno es más penitencial que el capítulo nueve de Daniel. El profeta confiesa el pecado del pueblo y lo califica con tres, cuatro, cinco o más epítetos descriptivos que expresan la profunda percepción de sus tinieblas. Lea el capítulo y note cómo Daniel reconoce humildemente pecados de comisión, de omisión y especialmente pecados contra las advertencias de la Palabra de Dios y las súplicas de sus siervos. El profeta es muy explícito. Desnuda su corazón delante del Señor, destapa toda capa de corrupción del pueblo. Destapa la herida para que la inspeccione el Gran Cirujano y le pide que la sane. Yo creo que el Señor está dispuesto a bendecir al hombre que se humilla profundamente bajo una sincera convicción de pecado, y, ciertamente, la iglesia que está dispuesta a confesar su pecaminosidad e indignidad se halla en vísperas de una visitación de amor.

Vayamos, pues, a nuestro Dios, y confesémosle nuestros pecados. Es necesaria la confesión individual. Yo tengo pecados que usted tal vez no descubra en mí, pero están ahí. Usted también ha cometido pecados en su familia, su negocio y su vida pública y privada. Todo hombre tiene algún pecado que le separa de su prójimo, por tanto, todo hombre debe hacer confesión con toda honestidad y profunda humillación. Cada cual debe añadir a su reconocimiento la humilde oración: «Examíname, oh Dios, y conoce mi corazón; pruébame y conoce mis pensamientos (Sal 139:23).

¿Es usted consciente de su iniquidad personal para con el Señor su Dios? Entonces no deje que pase este día sin haber hecho plena confesión. Y si quedara en nuestra iglesia alguna transgresión sin confesar, confío en que el Señor nos guíe a confesarla. Si hemos sido orgullosos, si nos hemos enaltecido por causa del éxito, si ha habido disputas entre nosotros, si algún cristiano siente amargura contra alguien, que no pase este día sin que todo ese mal haya sido extirpado. Soy muy consciente de que muchos pecados permanecen sin detectar. ¡Que Dios nos ayude a hacer un profundo examen de conciencia!

Es posible echar a perder la esperanza y la bendición del pueblo de Dios a no ser que toda maldad sea apartada. Que este sea un día para purgar la vieja levadura, para celebrar la fiesta no con la levadura de malicia, sino en la santidad que conviene a los discípulos de Jesús (1 Co 5:7-8). Los ídolos deben ser completamente erradicados para poder recibir bendición del Señor nuestro Dios. «Venid, adoremos y postrémonos; arrodillémonos delante de Jehová nuestro Hacedor» (Sal 95:6). Bendigamos su nombre por su gran bondad para con nosotros y cantemos la abundante misericordia que nos ha mostrado. Confesemos nuestra indignidad, frialdad, apatía, letargo, extravío de corazón, y una vez confesadas nuestras faltas, esperemos que Dios nos visite al principio. Si la vasija está vacía, la fuente celestial la colmará. Si la tierra está seca y agrietada y abre su boca sedienta, descenderá la lluvia para alegrarla. Cuando la necesidad es profunda y abrumadora, entonces brillará la bendición de la presencia del Altísimo. «Al principio de tus ruegos fue dada la orden».

Con todo, no hemos agotado las cualidades de Daniel, dignas de ser imitadas. Note que él tenía *clara convicción del poder de Dios para ayudar a su pueblo en su aflicción*. Daniel tenía un agudo sentido del poder divino basado en lo que Dios había hecho en el pasado. Resulta curioso notar en la historia de los judíos que en sus horas más oscuras y tormentosas su recuerdo retrocedía a un momento concreto de su pasado. Con mirada encendida y músculos tensados, los israelitas siempre se acordaban del día heroico en que cruzaron el mar Rojo y de lo que el Señor hizo a Egipto cuando dividió las aguas para que pasara su pueblo. Daniel dice en su oración: «Señor Dios nuestro, que sacaste tu pueblo de la tierra de Egipto con mano poderosa, y te hiciste renombre cual lo tienes hoy» (Dn 9:15). El profeta se aferra a aquella antigua gesta y ruega de este modo: «Hazlo otra vez, Señor; glorifica nuevamente tu nombre, envía liberación a tu pueblo».

Usted y yo podemos en este momento hallar consuelo en el hecho de que el Dios que dividió el mar Rojo es el Dios nuestro para siempre. Él es en esta hora tan poderoso como cuando arrojó caballo y jinete en las aguas profundas. Adoramos al Dios que ama a sus escogidos hoy tanto como en la antigüedad. Está escrito: «Hizo salir a su pueblo como ovejas» (Sal 78:52), y así nos conduce. Él les guio por el desierto y les condujo al descanso prometido del mismo modo que nos llevará al hogar celestial. Aunque las dudas y los temores rujan como el mar, te imploramos, oh Señor, que los apartes de nosotros. Aunque nuestras iniquidades clamen a nuestras espaldas, ¡ahógalas en el mar Rojo de la sangre de Jesús! Aunque atravesemos el desierto, danos el maná del cielo y haz manar aguas vivas de la roca. Aunque no merezcamos ser visitados por tu amor, ¿acaso no somos tu pueblo y ovejas de tu prado? ¿No somos llamados por tu nombre? ¿No nos has comprado con tu sangre? Llévanos a la tierra prometida. Concédenos la herencia de tu pueblo y bendícenos con las bendiciones de tus escogidos. Si recordamos las mercedes que Dios hizo en el pasado a la iglesia y a nosotros mismos, estaremos listos para recibir sus misericordias presentes.

La cualidad más evidente de la oración de Daniel es su *fervor peculiar*. Multiplicar expresiones como «¡Oh Señor!, ¡oh Señor!, ¡oh Señor! no siempre es lo más conveniente. Tales repeticiones pueden equivaler a tomar el nombre de Dios en vano. Pero no es el caso de Daniel. Sus repeticiones brotan de lo más profundo de su corazón: «Oye Señor; oh, Señor, perdona; presta oído, Señor, y hazlo» (Dn 9:19). Estas son las explosivas erupciones volcánicas de un alma encendida bajo gran carga.

El propio Jesús, orando apasionadamente, lo hizo tres veces usando las mismas palabras. La variedad expresiva denota a veces que la mente no está totalmente absorbida en el objeto que le ocupa, sino que todavía es capaz de escoger las palabras para expresarse. Pero cuando el corazón es del todo consumido por el deseo, no puede permitirse el lujo de pulir y elegir las palabras. Se aferra a cualquier expresión que tiene a mano y con ella sigue insistiendo. Con tal que Dios la entienda, la mente atribulada no se preocupa de la forma de expresión que usa. Daniel, como dirían los antiguos sacerdotes, usó repeticiones múltiples, sus gemidos escalaron hasta alcanzar la cima de sus deseos.

¿Con qué compararé los ruegos de este varón muy amado? Me parece que tronó y relampagueó a las puertas del cielo. Permaneció delante de Dios y le dijo: «Oh Altísimo, me has traído hasta este lugar como llevaste a Jacob hasta el arroyo de Jaboc; estoy dispuesto a quedarme aquí y luchar toda la noche hasta que raye el alba. No puedo irme ni me iré hasta que me hayas bendecido». No es probable que una oración suscite respuesta inmediata si no es una oración ferviente. «La oración eficaz del justo puede mucho» (Stg 5:16), pero si no es ferviente, no cabe esperar que sea eficaz ni que prevalezca. Debemos deshacernos de los carámbanos de hielo que cuelgan de nuestros labios. Debemos pedir al Señor que nos derrita las cuevas de hielo del alma y nos atice el corazón como hornos de fuego siete veces calentados. Si el corazón no arde en nuestro interior, haríamos bien en preguntarnos si Jesús está con nosotros. Él ha advertido que vomitará de su boca a los tibios que no son ni fríos ni calientes (Ap 3:16). ¿Cómo podemos esperar su favor si caemos en un estado para Él tan detestable? «Porque nuestro Dios es fuego consumidor» (Heb 12:29), y no tendrá comunión con nosotros hasta que nuestras almas sean también fuegos consumidores». A menos que ardamos de amor por Dios, no podemos esperar que el amor de Dios se manifieste en nosotros en su máximo grado.

He visto a nuestra iglesia revivir en santidad apostólica. Me atrevo a decir delante del trono de Dios que he sido testigo de santidad tan sincera y verdadera como la que tuvieron delante Pedro o Pablo. He visto celo tan piadoso, tal santidad y tal devoción a los negocios del Padre que el mismo Cristo habría mirado con gozo y satisfacción. Pero hay otros que nunca participan de corazón en los proyectos que nos ocupan ni se suman a las reuniones de oración. A éstos les digo: «Queridos hermanos, si verdaderamente están con nosotros, si tienen comunión con el Padre y con su Hijo Jesucristo, les suplico que imploren al Señor que les haga más fervorosos que cualquiera de nosotros. Si han sido lentos en la generosidad de sus ofrendas o en el fervor de sus plegarias, pidan al Señor que a partir de ahora puedan redoblar la marcha y hacer más en el tiempo que les queda de vida de lo que ninguno hubiera podido soñar».

A manera de resumen, la primera razón para esperar una pronta respuesta a la oración es que la condición del suplicante sea la que Dios desea. Si toda la iglesia fuera compelida a volver su rostro, consciente de la profunda necesidad de los pecadores, confesara su propio pecado, tuviera presente la misericordia de Dios y fuera apasionada y deseosa de ser bendecida, no veo la menor razón por mi parte para que al inicio de la oración no fuera dada la orden.

En segundo lugar, creo que tenemos derecho a esperar bendiciones si consideramos la *misericordia en sí misma*. Lo que la iglesia busca es que la santidad personal se avive y profundice, y que los pecadores sean salvos. ¿No es esta en sí misma una buena cosa para esperar que nos la conceda el Dador de toda dádiva buena y perfecta? Procuramos lo bueno para su iglesia. Un hermano recalcó una vez en oración que ninguno de nosotros dejaría que su esposa pidiera insistentemente una cosa buena si estuviera en su mano proporcionársela. Sentiríamos complacencia en concedérselo. ¿Y habría de ser menos gentil el Esposo con la esposa del Cordero de lo que nosotros somos con nuestra propia esposa? No. Si la iglesia de Cristo solicita algo a su propio Esposo Él no se puede negar. Puede estar segura que su Esposo real se lo concederá conforme a su plenitud infinita.

Lo que pedimos es para la gloria de Dios. No buscamos un don que nos glorifique a nosotros mismos, ni pretendemos honrar hazaña o sabiduría humanas. Deseamos lo que entroniza a nuestro Señor misericordioso, con el único y puro deseo de que Él sea glorificado. Por encima de todo, pedimos lo que quiere el corazón de Cristo. Jesús es amigo de pecadores —por ellos vivió, murió, resucitó, y por ellos intercede— y reina en gloria. Si nos acercamos a Dios y le decimos; «Por la sangre y las heridas de Jesús, por la aflicción de Getsemaní y los gemidos del Calvario, óyenos», ¿cómo podría dejar de atendernos? No; deduzco que si este es el tono de la oración, será contestada al principio.

La tercera cosa que me anima es la naturaleza de la relación establecida entre Dios y nosotros. ¿No es una frase escogida «tú eres muy amado?». Quizá usted se diga: «Es fácil entender que Dios envíe una respuesta rápida a Daniel porque él era un varón muy amado». ¿Acaso su incredulidad le ha hecho olvidar que también usted es muy amado? Como creyente en Jesucristo, no será presuntuoso si se atribuye a sí mismo el título de «muy amado». ¿No ha sido infinitamente amado para haber sido adquirido con la preciosa sangre de Cristo, como la de un cordero sin defecto y sin mancha? Puesto que Dios no escatimó ni a su propio Hijo, sino que lo entregó por usted, ¿no habrá sido inmensamente amado? Usted fue llamado por gracia, conducido al Salvador, hecho hijo de Dios y heredero del cielo. ¿No demuestra esto acaso su amor grande y superabundante? Ya la senda de su vida haya sido escabrosa, atestada de problemas, ya lisa, repleta de bondades, no me cabe la menor duda que usted es muy amado.

Cuando miro mi propia vida, debo confesar mi indignidad y reconocer sinceramente mi pecado, no obstante, me atrevo a sentir y declarar que soy un hombre muy amado por Dios. Él me ha concedido notables misericordias para disfrutar, y aunque no he sabido estar a la altura ni de la menor de ellas, no puedo dejar de exclamar: «El que te corona de favores y misericordias». (Sal 103:4). Me glorío en la tierna misericordia de mi Dios con tanta más libertad porque estoy seguro de que usted es también especialmente amado por el cielo. Cuanto más indigno se sienta, más evidente es que sólo un amor inefable puede haber guiado al Señor Jesús a salvar a un alma como la suya. Cuanto más desmerecimiento sienten los santos, mayor prueba tienen del gran amor de Dios al haberlos elegido y llamado y hecho herederos de bendición.

Si se da tal amor entre Dios y nosotros, oremos con mucha osadía. No vayamos a Dios como si fuésemos extraños o como si Él no estuviese dispuesto a dar —somos muy amados—. «Él que no escatimó a su propio Hijo, sino que lo entrego por todos nosotros, ¿cómo no nos dará también con él todas las cosas?» (Ro 8:32). Acuda osadamente, porque a pesar del cuchicheo de Satanás y las dudas de su propio corazón, usted es muy amado. Jesús dijo: «Si algo pidiereis en mi nombre, yo lo haré» (Juan 14:14). ¿Quién se negará a pedir cuando se le anima de tal manera a hacerlo?

Cómo contesta Dios la oración

Si pudiera obtener el anhelo de mi corazón, ansiaría una bendición *para cada lector.* Me gustaría que la bendición descendiera sobre cada pastor para que predicara con más poder, orara con más fervor y su vida espiritual fuera más sana y vigorosa. Desearía que la bendición descendiera sobre los que se dedican a la administración y el liderazgo de la iglesia, ya que ellos necesitan una gracia mucho mayor que la que desciende sobre el común de los mortales. Pido que usted sea un buen ejemplo para su grey. Deseo que el Espíritu Santo caiga sobre todos los obreros de Cristo. Que el Señor bendiga a los maestros de escuela dominical. ¡Que puedan llorar en sus clases! ¡Que oren por sus niños antes de hablar con ellos! ¡Que los que enseñan a los adultos reciban una rica bendición! ¿Qué sucedería si en este mismo día usted sintiera las primeras olas de un gran avivamiento? Deseo que el poder de Dios caiga sobre parte de su pueblo que no hace nada, para que se sientan terriblemente infelices, tan desdichados que no puedan quedarse en casa, sino sean compelidos a salir y hacer el bien. Usted que trabaja, que Dios le ayude a trabajar con toda su alma y su corazón —para no hacer las cosas rutinariamente, sino volcando su vida en ello— como si la sangre que bombea su corazón se calentara en el trabajo y el aliento de su alma se proyectara en cada palabra que profiere.

Sería una bendita canción de gracia que cada uno se dijese: «Quizá haya algo más que pueda hacer por Cristo; lo haré de inmediato. Quizá haya algo que pueda dar a Cristo, algún servicio cristiano al que me pueda consagrar. Quizá Dios me haya concedido un talento que nunca he usado o lo he tratado como una vieja espada que cuelga inútil. Ahora, ante el Señor, levanto mis manos al cielo y pido a Dios que si tuviere algo —aunque fuera el talento más pequeño— que no he usado, Él me ayude al instante a aprovecharlo».

Vivimos en un mundo tan tenebroso que no debemos desperdiciar la mínima porción de candela. La noche es tan oscura que ni la más diminuta luciérnaga debe negarse a proyectar su débil rayo de luz. Cada uno de nosotros debe prestar servicio personal a Cristo. ¿Acaso ignora usted que todos los que forman el pueblo de Dios son sacerdotes? Los sacerdotes de Dios son los que han renacido de entre los muertos por el poder del Espíritu Santo. Todo hombre y mujer que ama a Jesús es sacerdote para Dios. No digamos nunca: «Tenemos un pastor, que él sirva a Dios por nosotros». Yo no puedo cumplir las responsabilidades que Dios le ha encomendado. Sírvale usted mismo. Puede hacer tanto como yo para servirle, y solo su gracia me sostiene debajo de mi carga. En cuanto a sustituirle, no puedo hacer nada por usted. Fue personalmente adquirido a precio de sangre y espera personalmente entrar en el cielo; por tanto, conságrese personalmente al Señor. Si lo hace, ¡cuán bendecido será! Que Dios envíe a su pueblo vida renovada y avivada al comenzar sus súplicas.

¡Qué dulce y temprana es la bendición del Señor cuando nos concede algunas conversiones! ¿Por quién rogaremos de manera especial? ¿Qué tipo de conversiones deseamos? ¡Qué bendición sería que el Señor llamara por su gracia a algunos hijos de los miembros de la iglesia! ¡Imploremos la salvación de nuestros hijos e hijas! Oren por ellos, padres, oren por ellos. Oren ahora, y el Señor les escuchará. Suponga que Él concede a algún querido hermano el alma de su esposa por quien ha orado por largo tiempo. Sería un gran favor que Dios nos concediera a nuestros queridos amigos. Quizá Dios le libre de algún pecado al que se aferra, al que es incapaz de renunciar y que le acarreará su ruina eterna. Recuerdo que McCheyne suele decir: «Cristo llama por última vez». Es un pensamiento muy lastimoso. Él llama a la puerta: hay, desde luego, tal cosa como una última oportunidad, y hay quien oirá su última llamada dentro de muy poco. Él ya nunca volverá a llamar. ¡Que Dios nos conceda sus almas en este día!

¡Que el clamor sea potente! ¡Que prevalezca! ¡Que conmueva el cielo! ¡Que abra las puertas eternas! ¡Que no lo pueda resistir el brazo de Dios! ¡Un clamor de santos entretejidos en amor y llenos de santa pasión! Que su gran ruego sea el del sacrificio expiatorio, y esta la gran carga de su corazón: «Oh Jehová, aviva tu obra en medio de los tiempos…en la ira acuérdate de la misericordia» (Hab 3:2). Bastaría con que Dios arrojase la piedra en las aguas estancadas de su iglesia para que grandes olas de avivamiento se extendiesen por todo el mundo. El reino de Dios se extenderá y de la presencia del Señor llegarán días de refrigerio. Digamos ahora en su presencia que aunque no le agradara oírnos al principio de nuestra súplica, nos proponemos esperar en Él hasta que tenga a bien hacerlo. Aún sigues escondido más allá de las montañas, pero nosotros te esperamos como los que anhelan que llegue la mañana. Pero no tardes, ¡oh Dios nuestro! ¡Apúrate, Señor Amado!

Las oraciones de algunas personas no suponen esfuerzo. La oración que prevalece delante de Dios es la de un verdadero trabajador. Es la oración en la que el suplicante, como Sansón, sacude las puertas de la misericordia y se esfuerza por arrancarlas antes que se le niegue la entrada. No queremos oraciones que apenas tocan la carga con la punta de los dedos. Necesitamos hombros que soporten fervorosamente la carga, a quienes no se niegue su deseo. No queremos golpecitos delicados y fugaces a la puerta de la gracia que algunos dan cuando representan para otros en las reuniones de oración. Buscamos los golpes del que se detiene a la puerta de la gracia hasta que se abre y se suple toda su necesidad. La violencia enérgica, vehemente, del hombre que no se desanima, sino que está dispuesto a importunar al cielo hasta que consigue el deseo de su corazón —esta es la oración que los ministros codician de su pueblo.

6

El poder de la oración y el placer de la alabanza

Cooperando también vosotros a favor nuestro con la oración, para que por muchas personas sean dadas gracias a favor nuestro por el don concedido a nosotros por medio de muchos. Porque nuestra gloria es ésta: el testimonio de nuestra conciencia, que con sencillez y sinceridad de Dios, no con sabiduría humana, sino con la gracia de Dios, nos hemos conducido en el mundo, y mucho más con vosotros —2 Corintios 1:11-12.

La vida del apóstol Pablo corrió peligro constante, y sólo gracias a milagrosas intervenciones de la providencia fue librado de inminentes peligros en Asia. Durante el gran alboroto de Éfeso, Demetrio y sus compañeros artesanos que hacían templecillos suscitaron un gran tumulto contra Pablo al darse cuenta que su negocio estaba en peligro (Hch 19:24-27). La vida de Pablo se vio tan amenazada que escribió: «Fuimos abrumados sobremanera más allá de nuestras fuerzas, de tal modo que aun perdimos la esperanza de conservar la vida» (2 Co 1:8). El apóstol atribuye sólo a Dios la preservación de su vida. Y al aludir a la ocasión en que fue apedreado y dado por muerto, en Listra (Hch 14:19), es muy oportuna su bendición: «Dios que resucita a los muertos» (2 Co 1:9).

Además, Pablo razona a partir de este hecho: el mismo Dios que le había librado en el pasado, seguía siendo su ayudador en el presente y estaría también con él en el futuro (2 Co 1:10). Pablo era un oficial contable cuya fe siempre se computaba por la *Regla de Tres* del creyente: argumenta del pasado al presente y del presente a las cosas venideras. Note en el versículo que precede a este texto un ejemplo destacado de la tremenda conclusión que saca Pablo de la *Regla de Tres*: «Dios… el cual nos libró, y nos libra, y en quien esperamos que aún nos librará de tan gran muerte». Porque nuestro Dios «es el mismo ayer, y hoy, y por los siglos» (Heb 13:8), su amor en tiempos pasados es una seguridad infalible de su presente amabilidad y una promesa igualmente cierta de su fidelidad futura. No importa por qué circunstancias pasemos, ni cuán intrincada sea nuestra senda, ni cuán oscuro sea el horizonte, si nos apoyamos en la regla *Él hizo, hace y hará*, nuestro consuelo jamás será destruido. Cobren, pues, ánimo los afligidos. Si tuvieran que tratar con un Dios mudable, sus almas estarían llenas de amargura; pero como es inmutable, cada manifestación recurrente de su gracia debería facilitar el descanso en Él. Cada experiencia renovada de su fidelidad debería confirmar la confianza en su gracia. Que el bendito Espíritu le enseñe a crecer en santa confianza en nuestro Señor por siempre fiel.

Aunque Pablo reconoció que la mano de Dios le había librado, no era tan necio como para negar o menospreciar las causas secundarias. Al contrario, después de alabar al Dios de todo consuelo, el texto muestra que recuerda con gratitud las fervientes oraciones de muchos intercesores afectuosos. La gratitud a Dios nunca debe de ser excusa para mostrar ingratitud a los hombres. Es verdad que Jehová protegió al apóstol de los gentiles, pero lo hizo en respuesta a la oración. La vasija escogida no fue quebrada por la vara del malvado porque la mano extendida del Dios del cielo era su defensa; pero la mano de Dios se extendió porque el pueblo de Corinto y los santos de Dios, por todas partes, prevalecieron ante el trono de la gracia con súplicas conjuntas. Esos ruegos exitosos se mencionan con gratitud: «Cooperando también vosotros a favor nuestro con la oración». Y Pablo desea a los corintios que se sumen a sus alabanzas «para que por muchas personas sean dadas gracias a favor nuestro por el don de Dios concedido a nosotros por medio de muchos», ya que, agrega, tiene derecho a su amor porque con sencillez y sinceridad les predicó la Palabra de Dios.

Que la unción del Espíritu descienda sobre las palabras del texto y nos las haga provechosas. En primer lugar, *reconoceremos el poder de la oración unida*. En segundo lugar, veremos *cómo valora Pablo la alabanza unida*. Y en tercer lugar, examinaremos *el derecho que pertenece a los ministros de Dios que sinceramente laboran por nuestras almas.*

El poder de la oración unida

Ha agradado a Dios hacer de la oración el caudaloso y gozoso río por el que fluyen la mayor parte de las preciosas mercedes que recibimos. Es la llave de oro que abre los bien provistos graneros de nuestro José celestial. Está escrito sobre cada una de las misericordias del pacto: «Aún seré solicitado por la casa de Israel, para hacerles esto» (Ez 36:37). Aunque los hombres reciben algunas mercedes divinas sin buscarlas, hay otras que sólo se otorgan a los que piden, y por tanto, reciben, buscan y hallan, llaman y se les abre la puerta.

¿Por qué le plugo a Dios mandarnos orar? No es difícil descubrir la respuesta, ya que la oración *glorifica a Dios* y sitúa al hombre en humilde actitud de adoración. La criatura que ora reconoce a su Creador con reverencia y confiesa que Él es el dador de toda dádiva buena y perfecta. El ojo del creyente se eleva para contemplar la gloria del Señor mientras su rodilla se dobla en el suelo reconociendo humildemente su debilidad. Aunque la oración no es la forma más elevada de adoración —de otro modo la practicarían los santos en el cielo— es la más humilde y la más adecuada para exaltar la gloria del Perfecto, contemplada por carne y sangre imperfectas. Desde el derecho a relacionarnos con «nuestro Padre», decretado en el Padrenuestro, a exaltarle como único Dios verdadero con la expresión «el reino, y el poder, y la gloria», cada frase de la oración honra al Altísimo (Mt 6:9-13). Los gemidos y las lágrimas de los más humildes peticionarios son tan aceptables como la continua exclamación «Santo, Santo, Santo» de los querubines y los serafines (Ap 4:8), pues en su esencia, toda verdadera confesión de faltas y pecados personales no es sino homenaje a la infinita perfección del Señor de los ejércitos. El Señor es más honrado por nuestras oraciones que por el humo incesante del sagrado incienso del altar delante del velo.

Además, la oración nos enseña nuestra indignidad e insignificancia, lo cual no es pequeña bendición para seres tan orgullosos como nosotros. Si Dios nos concediera misericordias sin constreñirnos a orar por ellas, nunca sabríamos lo pobres que somos. Una verdadera oración es un inventario de necesidades, un catálogo de carencias, una exposición de heridas secretas, una revelación de pobreza oculta. Si bien recurre a la riqueza divina, es también una confesión de la menesterosidad humana. Yo creo que la condición más saludable de un cristiano es estar siempre vacío y depender del Señor para su provisión; ser siempre pobre en sí mismo y rico en Jesús; reconocer su debilidad personal y al mismo tiempo ser poderoso en Dios para llevar a cabo grandes hazañas. Aunque la oración adora a Dios, pone a la criatura donde debe estar: en el polvo.

La oración es en sí misma —aparte de la respuesta que acarree— un gran beneficio para el cristiano. Tal como el atleta se fortalece para la carrera mediante el ejercicio diario, así también adquirimos energía para la vida diaria mediante la labor santificadora de la oración. La oración limpia las alas de los aguiluchos que están aprendiendo a remontar las nubes. Limpia las plumas de los aguiluchos de Dios que aprenden a planear por encima de ellas. Proporciona fuerza interior a los soldados de Dios y les envía al combate espiritual con músculos tonificados y armaduras bien dispuestas. Como el sol sale de su cámara por el oriente, el santo fervoroso sale de su cuarto de oración regocijándose como hombre fuerte que sale a emprender su carrera. La oración es la mano levantada de Moisés que aplasta a los amalecitas más que la espada de Josué. Es el disparo de arco desde la cámara del profeta que anuncia la derrota de los sirios. ¿Y si dijera que la oración reviste al creyente con los atributos de la Deidad, infunde a la debilidad humana fortaleza divina, transforma la insensatez humana en divina sabiduría, y concede a los atribulados mortales la serenidad del Dios inmortal? ¡No conozco nada que la oración no pueda conseguir! Te doy gracias, grandioso Dios, por el propiciatorio, don espléndido de tu maravillosa bondad. ¡Ayúdanos a aprovecharlo como conviene!

Tal como muchas mercedes son transportadas desde el cielo en la nave de la oración, así también *muchas mercedes especiales sólo nos pueden llegar por medio de la oración unida.* Muchas son las cosas buenas que Dios dará a sus Elías y Danieles solitarios, pero si dos se ponen de acuerdo en pedir cualquier cosa, no hay límite a la liberalidad de Dios (Mt 18:19). Pedro podría no haber salido nunca de la cárcel si la iglesia no hubiera intercedido sin cesar por él (Hch 12:5). Pentecostés podría no haber llegado si no hubieran estado *todos* los discípulos «unánimes juntos» en oración (Hch 2:1), esperando que descendieran lenguas de fuego. Dios se complace en contestar oraciones individuales, pero a veces dice: «Puedes suplicar mi favor, pero no te recibiré hasta que tus hermanos estén contigo». ¿Por qué? Pienso que nuestro buen Señor muestra su estima por la comunión de los santos. «Creo en la comunión de los santos», reza un artículo del gran credo de fe, pero pocos cristianos lo comprenden. Sin embargo, hay una verdadera unión entre el pueblo de Dios.

No podemos permitirnos el lujo de perder la ayuda y el amor de los hermanos. San Agustín dijo que «los pobres están hechos para los ricos, y los ricos para los pobres». No dudo que los santos fuertes estén hechos para los débiles y que los santos débiles sean de especial bendición para los creyentes maduros. Hay plenitud en el cuerpo de Cristo: cada coyuntura debe algo a las demás, y todo el cuerpo se mantiene unido por lo que cada coyuntura aporta. Hay ciertas glándulas en el cuerpo humano cuyo valor específico apenas entiende el anatomista. No obstante, si una de ellas se extirpa, todo el cuerpo sufre gran perjuicio. Análogamente, puede haber algunos creyentes de quienes se diga: «Ignoro el bien que hace tal creyente». No obstante, si ese miembro insignificante y aparentemente inútil fuera removido, todo el cuerpo podría padecer graves consecuencias. Probablemente por esta razón muchos grandes dones de amor del cielo sólo se conceden a las peticiones conjuntas, para que percibamos el valor de todo el cuerpo y seamos compelidos a reconocer la unión vital que genera y mantiene diariamente la gracia divina en el pueblo de Dios.

¿No es agradable pensar que hasta el más pobre y más oscuro miembro puede añadir algo a la fuerza de la iglesia? No todos podemos predicar o aportar liderazgo o dar oro y plata, pero todos podemos contribuir con nuestras oraciones. No hay converso —aun el último creyente renacido a la gracia— que no pueda orar. La enfermedad, la vejez, el anonimato, el analfabetismo y la pobreza no pueden obstaculizar el poder de la oración. Esta es la riqueza de la iglesia. Hay un cofre espiritual en la iglesia en el que todos deberíamos depositar nuestra intercesión amorosa como en el tesoro del Señor. Incluso la viuda que no tiene siquiera dos monedas puede depositar su ofrenda en este tesoro. El valor otorgado a la unión y la comunión en el pueblo de Dios se aprecia por el hecho de que hay ciertas mercedes sólo concedidas cuando los santos oran conjuntamente. ¡Cómo deberíamos experimentar este lazo de unión! ¡Cómo deberíamos orar unos por otros! Siempre que la iglesia se reúne para orar deberíamos imponernos la obligación de estar presentes. ¡Cómo podemos defraudarnos a nosotros mismos haciendo caso omiso al mandato: «No dejando de reunirnos, como algunos tienen por costumbre!» (Heb 10:25).

La reunión de oración es una institución de valor incalculable que ministra fuerza a las demás reuniones y organizaciones. Esto trae a colación otra observación. *La oración unida se debe hacer especialmente a favor de los ministros* de Dios. A ellos en particular va destinada la oración conjunta. Pablo la pide: «Hermanos, orad por nosotros» (1 Ts 5:25). Los ministros de Dios siempre confesarán que esta es la fuente secreta de su poder. Las oraciones del pueblo deben constituir la fuerza de los ministros. Recuerde que es el ministro, más que ninguna otra persona de la congregación, quien necesita las oraciones fervientes del pueblo. ¿No es *su puesto el más peligroso*? Satanás sabe que si logra golpear el corazón del ministro, habrá gran revuelo en el pueblo de Dios. La lucha es más encarnizada en torno al que porta el estandarte. Allí el hacha de armas rechina contra los yelmos y las flechas se doblan contra los escudos, ya que el enemigo sabe que si logra doblegar el estandarte, asestará un duro golpe y provocará gran desánimo. Soldados armados, cierren en derredor del ministro. Caballeros de la cruz roja concéntrense para defenderle porque la batalla arrecia. La persona que ejerce el ministerio precisa que usted se plante firme a su lado en la hora de conflicto. La vida de un ministro del evangelio es tan peligrosa que bien puedo exclamar: «¡Todos a cubierta! ¡Manos a la obra!» Que todo santo se consagre a la oración; que el santo más débil empiece a orar de inmediato.

El ministro, por hallarse en un puesto tan peligroso, *carga con un peso de responsabilidad solemne*. Hasta cierto punto, todo hombre debe ser guarda de su hermano, pero ¡ay de los centinelas de Dios que no se mantienen vigilantes! Se reclamará de sus manos la sangre de las almas y la ruina de los hombres si no predican el evangelio plena y fielmente. A veces la carga del Señor pesa tanto sobre sus ministros que éstos claman agónicamente, como si su corazón fuera a estallar de angustia. Habrá tiempos en los que todo predicador del evangelio —si es fiel a su llamado— sentirá suspense y terror ante sus oyentes y tendrá que pedir auxilio a Dios, pues se sentirá abrumado por la carga de las almas de los hombres. Ore por los que están en el ministerio. Si Dios concede un ministro a su iglesia y ustedes aceptan el don de buena gana, no desprecien a Dios ni al ministro privándolo de sus oraciones.

La preservación y la salud del ministro es *uno de los puntos vitales de la iglesia*. El buque puede perder un marinero, lo cual es muy malo —para él y para usted—, pero si el capitán cae por la borda, ¿qué hará la nave y la tripulación? Por lo tanto, aunque se ha de orar por todo miembro de la iglesia, se ha de orar antes que nada por el ministro por causa del puesto que ocupa. Y además, *¡cuánto más se le exige a él que a usted!* Si usted tiene una mesa privada para su crecimiento espiritual, él debe, por así decirlo, tener una mesa pública: un banquete de buenas viandas espirituales para sus invitados. ¿Cómo podrá hacer esto a menos que su Maestro le suministre ricas provisiones? Si usted ha de brillar como una vela en una casa, el ministro ha de ser como un faro que se atisba desde gran distancia. ¿Y cómo iluminará durante toda la noche a menos que sea abastecido por su Maestro y reciba aceite nuevo del cielo? La influencia del ministro es mayor que la suya: si es para mal, será como ponzoña mortal cuyas ramas esparcen veneno a su sombra. Pero si Dios hace de él una estrella en su mano derecha, su rayo de luz alegrará con su influencia cordial naciones enteras y largos periodos de tiempo. Si alguna verdad hay en todo esto, le ruego que ore generosa y constantemente por los que le ministran.

He descubierto que el término griego que equivale a *colaborar implica trabajo muy arduo*. Las oraciones de algunas personas no suponen esfuerzo. La oración que prevalece delante de Dios es la de un verdadero trabajador. Es la oración en la que el suplicante, como Sansón, sacude las puertas de la misericordia y se esfuerza por arrancarlas antes que se le niegue la entrada. No queremos oraciones que apenas tocan la carga con la punta de los dedos. Necesitamos hombros que soporten fervorosamente la carga, a quienes no se niegue su deseo. No queremos golpecitos delicados y fugaces a la puerta de la gracia que algunos dan cuando representan para otros en las reuniones de oración. Buscamos los golpes del que se detiene a la puerta de la gracia hasta que se abre y toda su necesidad es suplida. La violencia enérgica, vehemente, del hombre que no se desanima, sino que está dispuesto a importunar al cielo hasta que consigue el deseo de su corazón —esta es la oración que los ministros codician de su pueblo—. Melanchton tuvo una base sólida de consuelo. No sólo fue Lutero, sino los miles de pobres que cantaban salmos en los campos y los centenares de siervos que ofrecían súplicas lo que posibilitó la Reforma. Cientos de veces he contado a mi congregación que todas las bendiciones que Dios nos ha concedido, el crecimiento de nuestra iglesia, se deben a sus súplicas solícitas y fervientes. Ha habido temporadas de conmoción celestial en que sentíamos que podíamos morir antes que no ser oídos por Dios, cuando llevábamos a nuestra iglesia en el regazo como la madre lleva a su hijo, cuando sentimos ansia y dolores de parto por las almas de los hombres. «¿Qué ha llevado Dios a cabo?», podemos preguntarnos al ver nuestra iglesia crecer diariamente y multitudes que aún esperan oír la Palabra de nuestros labios.

¿Dejaremos ahora de orar? ¿Diremos ahora al Gran Sumo Sacerdote «es suficiente»? ¿Sacaremos brasas encendidas del altar y apagaremos el incienso que arde? ¿Rehusaremos ahora llevar los corderos del sacrificio matutino y vespertino de la oración y la alabanza? Oh hijos de Efraín, armados, portadores de arcos, ¿volveréis vuestras espaldas en el día de batalla? El mar está dividido y el Jordán se ha detenido. ¿Rehusaréis cruzar su profundo cauce? Dios mismo va delante de vosotros. El grito de un Rey se oye en medio de vuestras huestes. ¿Seréis cobardes ahora y rehusaréis subir a poseer la tierra? ¿Perderéis ahora vuestro primer amor? ¿Se escribirá «Icabod» en el umbral de vuestra iglesia? ¿Se dirá de vosotros que Dios os ha abandonado? ¿Llegará el día en que las hijas de Filistea se gocen y los hijos de Siria triunfen? Si no, ¡vuelta a las rodillas con la fuerza de la oración! Si no, ¡una vez más a las súplicas vehementes! Si ustedes no quieren que el bien se oscurezca y que el mal triunfe, junten de nuevo las manos, y en nombre del que por siempre vive para interceder, prevalezca una vez más en oración para que vuelva a descender la bendición. «Cooperando también vosotros a favor nuestro con la oración.»

El valor de la alabanza unida

Siempre debe brotar alabanza de la oración respondida. El vaho de gratitud debe alzarse de la tierra al compás del sol de amor celestial que la calienta. ¿Ha sido el Señor misericordioso con usted e inclinado su oído a la voz de sus ruegos? Entonces alábele en tanto viva. No niegue su canción al que ha respondido a su oración y le ha concedido el deseo de su corazón. Guardar silencio ante las mercedes del Señor es incurrir en pecado de ingratitud, y la ingratitud es uno de los peores crímenes. Espero que usted no siga el ejemplo de los nueve leprosos que no volvieron a dar gracias a Dios después de haber sido sanados (Lc 17:17). Olvidarse de alabar a Dios es rehusar hacerse un beneficio a sí mismo, ya que la alabanza —como la oración— es enormemente útil para el hombre espiritual. La alabanza es un ejercicio elevado y saludable. Danzar delante del Señor, como David, es acelerar la circulación de la sangre por las venas y hacer latir el corazón a un más sano ritmo (2 S 6:14). La alabanza da acceso a un gran banquete, como cuando David repartió a cada uno de sus hombres «un pan, y un pedazo de carne y una torta de pasas». (2 S 6:19). La alabanza es la más celestial de las obligaciones del cristiano. Los ángeles no pueden orar, pero nunca cesan de alabar a Dios ni de noche ni de día. Bendecir a Dios por las mercedes recibidas es beneficiar a los hermanos en la fe: «lo oirán los mansos y se alegrarán» (Sal 34:2). Los que han pasado por similares circunstancias se consolarán diciendo: «Engrandeced a Jehová conmigo, y exaltemos a una su nombre… Este pobre clamó y le oyó Jehová» (Sal 34:3, 6). Los cristianos cuyas lenguas se mantienen mudas son un triste deshonor para la iglesia. La música más alta que emiten algunos de los nuestros, a quienes el diablo parece haber amordazado, se oye cuando mascan el freno de su silencio. ¡Cómo desearía, en tales casos, que la lengua del mudo cantara!

Así como la alabanza es buena y agradable —bendice al hombre y glorifica a Dios— *la alabanza unida es muy recomendable*. La oración unida es como la música de un concierto. El sonido de un instrumento es extraordinariamente dulce, pero cuando se combinan cientos de ellos —tanto de viento como de cuerda— la orquesta emite un sonido noble y armónico. La alabanza de un cristiano es acepta delante de Dios como un grano de incienso, pero la alabanza de muchos es como un incensario lleno que humea delante del Señor. La alabanza conjunta es un anticipo del cielo porque, en asamblea general, todos unánimes, con un solo corazón y a una sola voz, alaban al Señor.

La alabanza pública edifica al cristiano. ¿Cuántas cargas aparta? Cuando oigo clamor de alabanza en el pueblo de Dios mi corazón se enciende; no hay mejor música para él que cuando las majestuosas olas de la alabanza despliegan toda su fuerza. Me encanta oír cantar al pueblo de Dios en gran armonía de alabanza. ¡Qué bello es el cántico sagrado, el clamor de alabanza alzado al unísono por almas cuyas lenguas entonan cánticos, y cada cantor siente que debe superar a su compañero en amor y gratitud! La unión de corazones sinceros en adoración a Dios con cánticos es extraordinariamente deliciosa y muy dulce su sonido. Creo que deberíamos celebrar una reunión de alabanza una vez por semana. Normalmente tenemos reuniones de oración, ¿por qué no vamos a tener reuniones de alabanza? Con certeza, deben apartarse temporadas para celebrar servicios de alabanza de principio a fin.

Tal como la oración unida debe hacerse especialmente por los ministros, así también *la alabanza unida debe adoptar a menudo el mismo aspecto*. Toda la iglesia debe alabar y bendecir a Dios por la merced concedida a sus miembros a través de sus ministros. El apóstol vuelve a decir: «Para que por muchas personas sean dadas gracias a favor nuestro por el don concedido a nosotros por medio de muchos». Debemos dar gracias a Dios por la vida de los ministros, porque cuando mueren, buena parte de su obra muere con ellos. Es sorprendente comprobar que la Reforma siguió adelante mientras Lutero y Calvino vivían, pero qué pronto perdió ímpetu después de la muerte de los reformadores. El espíritu de los hombres buenos es inmortal solo en un sentido. Las iglesias del presente son como los israelitas en tiempos de los jueces: cuando los jueces desaparecían, el pueblo se volvía a la idolatría de imágenes talladas. Lo mismo sucede hoy. Mientras se conserva la vida del ministro, la iglesia prospera; pero cuando el ministro muere, el celo que atizó la llama queda reducido a cenizas. En nueve de cada diez casos —si no en noventa y nueve de cada cien— la prosperidad de una iglesia depende de la vida del ministro. Dios lo ha establecido así para que seamos humildes. Por tanto, debe haber gratitud por la preservación de su vida.

Pero debe expresarse mayor gratitud aún por la preservación de su carácter, porque cuando un ministro cae, ¡causa una gran desgracia! Cierto es que siempre habrá hipócritas que se hagan pasar por ministros para labrarse una especie de reputación. Pero si el ministro fiel mantiene su integridad, debe ofrecerse constante gratitud a Dios por su vida. Si el ministro *se nutre bien de la verdad divina*, si es como el surtidor de un manantial, si Dios le concede la capacidad de sacar cosas nuevas y viejas de sus tesoros para alimentar a los suyos —no desviándose a la filosofía, por una parte, ni a la rigidez doctrinal, por otra—, deben elevarse acciones de gracias. Si Dios acerca a la gente para oírle, y sobre todo, si se convierten almas y se edifica a los santos, nunca deberían cesar el honor y la alabanza a Dios. Quizá hemos dado este privilegio por sentado. No obstante, he visitado casas de hombres piadosos con quienes he disfrutado dulce comunión, pero no pueden asistir al que una vez fuera su lugar de culto. ¿Por qué no? «Señor —me dicen—, ¿cómo puedo asistir a un lugar de culto en el que el ministro niega cada palabra de las Escrituras?» Si Dios se llevara a los ministros que predican el evangelio audaz y llanamente, uno rogaría a Dios que le devolviera el candelero. Aún tenemos entre nosotros ministros fieles a Dios que predican toda la verdad que es en Jesús. Dé gracias por sus ministros, repito, porque si usted se hallara donde están algunos creyentes, suplicaría a Dios: «Señor, devuélvenos tus profetas. ¡Envíanos hambre de pan y de agua, pero no hambre de la Palabra de Dios!».

La gozosa pretensión del ministro

«Porque nuestra gloria es ésta: el testimonio de nuestra conciencia, que con sencillez y sinceridad de Dios, no con sabiduría humana, sino con la gracia de Dios, nos hemos conducido en el mundo, y mucho más con vosotros». Además del consuelo que nace de la salvación consumada de Dios, el consuelo de un hombre debe proceder del testimonio de su propia conciencia. Y para un ministro, ¡qué testimonio es el haber predicado el evangelio con sencillez! Esto es, predicar sin doblez, no decir una cosa y querer significar otra. Predicar el evangelio queriendo decir lo que se dice, con corazón puro: desear la gloria de Dios y la salvación de los hombres. Y qué bendición es haber predicado sencillamente, es decir, sin hacer uso de palabras refinadas o difíciles de entender, ni frases lustrosas, sin hacer exhibiciones de oratoria o lucimientos de retórica. ¡Qué detestable debe ser la vida de un ministro que profana el púlpito para dar cabida a la dignidad de la elocuencia! ¡Qué desesperación le anegará en su lecho mortuorio cuando recuerde que hizo exhibición de su capacidad verbal en vez de exponer las verdades sólidas que salvan a las almas! La conciencia tranquila puede afirmar que ha declarado sencillamente la verdad de Dios.

El apóstol asegura también que él predicaba el evangelio con sinceridad, es decir, declaraba la verdad con honestidad, con pureza de intención, significándola, sintiéndola, para que nadie pudiera acusarle de falsedad. La palabra *sinceridad* en griego connota exposición a la luz solar, de suerte que el verdadero ministro de Dios predica lo que desea exponer a la luz del sol, o que sus rayos le alumbren. Me temo que ningún ministro es del todo transparente; la mayoría tenemos algo de color, pero feliz aquel ministro que procura librarse todo lo que puede del color para que la luz del evangelio brille a su través, con la claridad que se desprende del Sol de Justicia. Pablo predicó con sencillez y sinceridad. Y añade: «No con sabiduría humana». ¡Cuántas historias habré oído de lo que hace la sabiduría carnal! Algunos reducen las Escrituras a un libro de mitos absurdos, otros aseveran que en la Biblia hay algunas cosas buenas, pero que está plagada de errores, y otros descartan totalmente su inspiración. ¡Qué triste y qué lamentable es que la iglesia haya llegado a ese punto! ¡Con cuánta resolución deberíamos desacreditar la sabiduría carnal! Me temo que nos gusta que la exposición del ministro sea excelente; le achacamos deficiencias hasta que no demuestra cierto grado de talento. Me pregunto si no será esto un pecado. Me inclino a pensar que lo es. Creo que cada día que pasa deberíamos dar menos crédito al talento y más al mensaje evangélico que se predica. Si un ministro ha sido bendecido con elocuencia, ¿ello nos beneficia o redunda en nuestra debilidad? A veces me pregunto si no deberíamos regresar a los días de los pescadores, en los que no se ofrecía formación académica alguna a los ministros. Tal vez debiéramos enviar ministros a predicar la verdad sencillamente en vez de proporcionarles toda suerte de aprendizaje que no les es provechoso y que sólo les ayuda a pervertir la simplicidad de Dios. Me encanta esta frase del texto: «No con sabiduría humana».

Y ahora sostengo ante mi iglesia y pongo a mi conciencia por testigo; reclamo esta jactancia del apóstol. He predicado el evangelio de Dios con sencillez. No sé predicarlo con más sencillez u honestidad. Lo he predicado sinceramente —el que escudriña los corazones bien lo sabe—, no con sabiduría humana, y ello por una excelente razón: me he visto obligado a aferrarme al testimonio sencillo del Señor por la gracia de Dios. Si algún éxito se ha logrado, todo ha sido obra de la gracia. «Y mucho más con vosotros». He advertido, suplicado, exhortado, rogado, llorado, orado. Para algunos miembros he sido un padre espiritual en Cristo, para muchos he sido maestro y constructor en el evangelio, y espero que para todos haya sido un amigo sincero en Cristo Jesús. Por eso he suplicado sus oraciones —las suyas más que las de ningún otro—Recuerde esta frase: «Y mucho más con vosotros», cuando se acuerde de sus ministros en sus oraciones. Siga orando por ellos. ¿Ya es salva toda la congregación? Ruegue a Dios por los no convertidos. ¿Hay todavía corazones duros, no quebrantados? Pida a Dios que golpee el yunque con el martillo. Y mientras aún no se hayan fundido, pida a Dios que haga arder su Palabra como fuego. Ore por sus ministros para que Dios los use con poder. La iglesia aún necesita que la potente voz de Dios la despierte de su letargo. Pida a Dios que bendiga a los siervos que ha enviado. Ruéguele, henchido de energía divina, que venga su reino y se haga su voluntad en la tierra como en el cielo.

La confianza de un niño permite orar como nadie puede hacerlo. Hace que un hombre pida cosas grandes que nunca pediría si no hubiese aprendido a confiar. También hace que pida cosas pequeñas que muchas personas no se atreven a pedir porque aún no sienten hacia Dios la confianza de un niño. Yo suelo notar que hace falta más confianza en Dios para pedirle cosas pequeñas que cosas grandes. Nos imaginamos que nuestras cosas grandes son dignas de la atención de Dios, aunque, en realidad, son bastante pequeñas para Él. Y pensamos que nuestras cosas pequeñas deben ser tan insignificantes que es un insulto presentárselas. Tenemos que darnos cuenta que lo que es muy importante para un niño puede ser muy pequeño para su padre, y sin embargo, el padre mide una cosa no desde su punto de vista, sino desde el del niño. El otro día usted oyó llorar a su hijito amargamente. La causa del dolor fue una espina que se clavó en el dedo. Y aunque no llamara a tres cirujanos para extraérsela, la espina supuso gran sufrimiento para el pequeño. Con ojos humedecidos con lágrimas de angustia, al niño no se le ocurrió pensar que su dolor era demasiado pequeño para que usted se ocupara de él. ¿Para qué están los padres y las madres sino para ocuparse de los pequeños asuntos de los niños pequeños? Y Dios nuestro Padre es un buen padre que se compadece de nosotros como nosotros de nuestros hijos. Él cuenta las estrellas y las llama por sus nombres, pero también sana a los quebrantados de corazón y venda sus heridas.

7

Condiciones a cumplir para orar con poder

Y cualquiera cosa que pidiéremos la recibiremos de él, porque guardamos sus mandamientos, y hacemos las cosas que son agradables delante de él. Y este es su mandamiento: Que creamos en el nombre de su Hijo Jesucristo, y nos amemos unos a otros como nos lo ha mandado. Y el que guarda sus mandamientos, permanece en Dios, y Dios en él. Y en esto sabemos que él permanece en nosotros, por el Espíritu que nos ha dado —1 Juan 3:22-24.

Suelo hablar a mi congregación acerca de la importancia de la oración, en especial, con el ánimo de estimular a los feligreses a orar por mí y por la obra del Señor en nuestra iglesia. Honestamente, no creo haber tenido tema de mayor trascendencia para disertar o que haya pesado más sobre mi alma. Si sólo se me permitiera hacer una petición a los miembros de la iglesia, sería ésta: «Hermanos, orad por nosotros» (2 Ts 3:1). ¿De qué provecho sería nuestro ministerio sin la bendición divina?, y ¿cómo podemos esperarla sin que la iglesia de Dios la procure? Lo diré incluso con lágrimas: «Hermanos, oren por nosotros». No escatimen la oración. Al contrario, abunden en la intercesión, ya que sólo por la intercesión puede prosperar una iglesia o siquiera mantenerse.

De pronto, surge la pregunta: ¿qué ocurre si hubiere algo en la iglesia que impida que las oraciones tengan éxito? Esta es una pregunta imprescindible que hay que hacerse seriamente antes de exhortar a la iglesia a interceder. La Palabra de Dios es clara que las oraciones de los impuros son abominables a Dios. «Cuando extendáis vuestras manos, yo esconderé de vosotros mis ojos; asimismo, cuando multipliquéis la oración, yo no oiré» (Is 1:15). Las iglesias pueden caer en tal condición que sus devociones sean iniquidad; incluso sus «asambleas solemnes» serán fatigosas para el Señor. Puede haber maldades en el corazón del creyente que hagan imposible que Dios, en consonancia con su carácter y sus atributos, estime su intercesión. Si en el corazón miro a la iniquidad, el Señor no me escuchará. Según el texto, hay algunos requisitos que el pueblo de Dios debe cumplir para que sus oraciones no sean desechadas. El texto declara: «Y cualquiera cosa que pidiéremos la recibiremos de él, porque guardamos sus mandamientos, y hacemos las cosas que son agradables delante de él». Hemos de considerar los elementos necesarios para orar con poder —qué debemos hacer, qué debemos ser, qué debemos tener—, para prevalecer habitualmente en oración delante de Dios.

Elementos esenciales para orar con poder

Debemos establecer algunas distinciones desde el principio. Yo sostengo que hay una gran diferencia entre la oración de un pecador que busca la misericordia de Dios y la de un hombre ya salvo. Anuncio a todo lector —no importa cuál sea su carácter— que si procura sinceramente la misericordia de Dios, por medio de Jesucristo, la obtendrá. Cualquiera que haya sido su vida anterior, si busca arrepentido el rostro de Jehová a través del Mediador señalado, lo hallará. Si el Espíritu Santo le ha enseñado a orar, no vacile más, apresúrese a ir a la cruz y halle descanso para su alma culpable en Jesús. La única cualidad que debe reunir la primera oración del pecador es la sinceridad.

Pero hemos de hablar de otra manera a los creyentes. El pueblo de Dios es oído lo mismo que el pecador, y recibe diariamente la gracia necesaria que todo buscador anhela en respuesta a la oración. No obstante, el hijo de Dios se somete a una disciplina especial, propia de la familia regenerada. Bajo esa disciplina, las respuestas a la oración ocupan una elevada posición y revisten gran importancia. Los creyentes tienen al alcance muchas bendiciones más allá y por encima de la salvación.

Hay mercedes, bendiciones, consuelos y favores que hacen que la vida del creyente sea efectiva, feliz y honorable, pero estas cosas no se conceden con independencia del carácter. Estas bendiciones no son asuntos esenciales tocantes a la salvación que el creyente recibe incondicionalmente, pues son bendiciones de pacto. Pero ahora nos referiremos a los honores y favores especiales de la casa de Dios que se otorgan o se retienen con arreglo a la obediencia de los hijos de Dios. Si alguno descuida las condiciones adjuntas, su Padre celestial se las retendrá.

Las bendiciones esenciales del pacto de la gracia son incondicionales, permanecen intactas. La invitación a procurar misericordia va dirigida a los que no reúnen ninguna cualificación, excepto su necesidad. Pero una vez que se ingresa en la familia divina como hombres o mujeres salvos, uno descubre que hay otras bendiciones exquisitas que se dan o se retienen en función de la atención que presta a las normas de la familia del Señor. Por ilustrarlo de manera sencilla: si una persona hambrienta llamara a su puerta y le pidiera pan, usted se lo daría, sin tener en cuenta su carácter. También daría comida a su hijo, independientemente de su conducta. No negará a su hijo nada que necesite para vivir. No emprenderá contra él un proceso disciplinario que le niegue la comida o la ropa necesaria para resguardarse del frío. Pero puede haber muchas otras cosas que su hijo desee que sólo reciba a condición de que le obedezca. Supongo que esto ilustra hasta donde el gobierno paternal de Dios está dispuesto a llegar.

Entienda que el texto no se refiere a que Dios no oiga la oración de sus siervos, ya que lo hace aun cuando ellos no anden con Él, y aun cuando oculte su rostro de ellos. Pero el poder al que aquí nos referimos es el poder absoluto y continuo que se desprende de las palabras del texto: «Cualquier cosa que pidiéremos la recibiremos de él».

Para que esta oración sea eficaz hay que cumplir ciertos requisitos y fundamentos que deben tenerse en cuenta, el primero de los cuales es *una obediencia confiada como de niño*. «Cualquier cosa que pidiéramos la recibiremos de él, *porque guardamos sus mandamientos*». Si nos falta esto, el Señor puede decirnos lo que dijo a su pueblo Israel: «Vosotros me habéis dejado, y habéis servido a dioses ajenos; por tanto, yo no os libraré más. Andad y clamad a los dioses que os habéis elegido» (Jue 10:13-14). Cualquier padre le dirá que acceder a la petición de un hijo desobediente equivale a incentivar la rebelión en la familia y a hacer imposible el gobierno de su propia casa. Suele corresponder al padre decir: «Hijo mío, tú no haces caso a lo que te digo, por tanto, yo tampoco puedo escucharte». No es que el padre no ame a su hijo, sino justamente lo contrario. Por causa de su amor, el padre se siente obligado a mostrar su desagrado negándose a conceder la petición de su hijo descarriado. Dios actúa con nosotros como nosotros deberíamos hacer con nuestros obstinados hijos, y si Él ve que caemos en pecado y transgresión, parte de su amable disciplina paternal consiste en decir: «No atenderé a tu oración cuando clames a Mí. Serás salvo y tendrás el pan y el agua de la vida, pero nada más. Te serán negados los privilegios de mi reino, y no poseerás nada especial en respuesta a tus oraciones».

Que el Señor se ocupa de su pueblo es claro: «¡Oh, si me hubiera oído mi pueblo, si en mis caminos hubiera andado Israel! En un momento habría yo derribado a sus enemigos, y vuelto mi mano contra sus adversarios… Les sustentaría Dios con lo mejor del trigo, y con miel de la peña les saciaría» (Sal 81:13-14, 16). Si el hijo desobediente de Dios tuviera en sus manos la promesa: «cualquiera cosa que pidiéremos la recibiremos de él», con seguridad pediría algo que estimulara su rebelión. Pediría provisión para su lujuria y para sustentar su rebelión personal. Esto jamás puede ser tolerado. ¿Suplirá Dios nuestra corrupción? ¿Atizará Él la llama de la pasión carnal? Un corazón obstinado ansía mayor libertad para dar rienda suelta a su terquedad. Un espíritu altivo anhela mayor exaltación para enorgullecerse aún más. Un espíritu perezoso reclama más comodidad para poder ser más indolente. Un espíritu dominante reclama más poder para disponer de más oportunidades para oprimir. Según es el hombre, así será su oración. ¿Escuchará Dios esas oraciones? ¡Imposible! Él nos concederá lo que le pedimos si guardamos sus mandamientos, pero si le desobedecemos y rechazamos su gobierno, Él rechazará nuestras oraciones y nos dirá: «Si anduviereis conmigo en oposición… yo también procederé en contra de vosotros» (Lv 26:21, 24). Bienaventurados seremos si por medio de la divina gracia podemos decir con David: «Lavaré en inocencia mis manos, y así andaré alrededor de tu altar, oh Jehová» (Sal 26:6). Esta inocencia nunca será perfecta, pero al menos no se amará el pecado ni se tolerará la rebelión intencional contra Dios.

Otro elemento esencial para la oración victoriosa, además de la obediencia confiada, es la *reverencia como de niño*. Fíjese en la siguiente frase del texto: Recibimos lo que pedimos «porque guardamos sus mandamientos, y *hacemos las cosas que son agradables delante de él*». Cuando un padre manda algo a un niño, no permite a éste cuestionar la conveniencia o la prudencia de su mandato. La obediencia acaba donde empiezan las preguntas. El grado de obediencia de un niño no debe ser la medida del derecho del padre a mandarle. Los niños buenos dicen: «Nuestro padre nos manda hacer tal cosa, por tanto, la haremos, porque nos gusta siempre agradarle». La razón más poderosa de actuación para un niño bondadoso es la convicción de que va a agradar a sus padres, y lo más eficaz que se puede decir para frenar a un niño amoroso es mostrarle que cierto curso de acción va a desagradarles. Lo mismo sucede con nosotros y Dios, el padre perfecto. Podemos, sin temor, establecer que agradarle sea la norma del bien, y la del mal, con toda seguridad, lo que le desagrada. Suponga que alguno de nosotros fuera obstinado y dijera: «No haré lo que agrada a Dios. Haré lo que a mí me plazca». Observe, luego, cuál sería la naturaleza de sus oraciones. Sus oraciones bien podrían resumirse en la petición «Déjame hacer lo que quiero». ¿Cabe esperar que Dios lo consienta? ¿Vamos a enseñorearnos no sólo de los bienes de Dios, sino de Él mismo? ¡Pretenderá usted que el Dios Todopoderoso abdique el trono para poner en él a un mortal orgulloso! Si hay un hijo en una casa que no tiene ningún respeto a su padre, ¿se inclinará éste ante él cuando le diga: «Quiero hacer mi voluntad en todo? ¿Le permitirá darle órdenes y olvidar el honor que le debe como padre? ¿Le dirá: «Sí, querido hijo, reconozco tu importancia; serás señor de la casa y tendrás todo lo que quieras?».

La casa de Dios no se gobierna de este modo. Dios no escuchará a sus hijos tercos, salvo que lo haga con enojo y les responda con ira. Recuerde cómo escuchó la oración de Israel cuando ellos pidieron carne y cuando la carne aún estaba en sus bocas les fue de maldición (Nm 11:31-33). Muchas personas se disciplinan para lograr sus deseos, hasta los apóstatas están llenos de artificios. Debemos tener una reverencia como de niño hacia Dios, para poder decir: «Señor, si lo que te pido no es de tu agrado, tampoco lo es del mío. Pongo mis deseos en tus manos para que los corrijas. Tacha toda petición que no sea correcta y añade lo que haya omitido, aunque no lo deseara si lo hubiera considerado.

Buen Dios, si debiera haberlo deseado, escúchame como si lo hubiera deseado. "No se haga mi voluntad, sino la tuya"». Creo que podrá distinguir que este espíritu dócil es esencial para orar con eficacia. La falta de sumisión es un verdadero obstáculo para que las súplicas sean atendidas. El Señor será reverenciado por los que se acercan a Él. Deben procurar agradarle en todo lo que hacen y piden, de lo contrario no serán favorecidos.

El texto también sugiere la necesidad de *confiar como un niño*. «Y éste es su mandamiento: Que creamos en el nombre de su Hijo Jesucristo». En todas las Escrituras se especifica que la fe es necesaria para orar con éxito. Es necesario «creer que le hay (Dios), y que es galardonador de los que le buscan» (Heb 11:6), de lo contrario no habremos orado en absoluto. El éxito de la oración será proporcional a la fe. Es una de las leyes más importantes del reino: «Conforme a vuestra fe os sea hecho» (Mt 9:29). Recuerde lo que dice el Espíritu a través de la pluma del apóstol Santiago: «Y si alguno de vosotros tiene falta de sabiduría, pídala a Dios, el cual da a todos abundantemente y sin reproche, y le será dada. Pero pida con fe, no dudando nada; porque el que duda es semejante a la onda del mar, que es arrastrada por el viento y echada de una parte a otra. No piense, pues, quien tal haga, que recibirá cosa alguna del Señor» (Stg 1:5-7). El texto habla de fe en el nombre de su Hijo Jesucristo, lo que entiendo como fe en su carácter manifiesto, en su evangelio, en la verdad concerniente a su sustitución y salvación. O puede significar fe en la autoridad de Cristo, de manera que cuando imploro a Dios diciendo: «Hazlo en el nombre de Jesús», quiero decir: «Haz por mí lo que hubieras hecho por Jesús, porque Él me ha autorizado a invocar su nombre. Haz por mí lo que hubieras hecho por Él». El que puede orar con fe en ese nombre no puede fallar, porque el Señor Jesús ha dicho: «Y todo lo que pidiereis al Padre en mi nombre, lo haré».

Pero tiene que haber fe; si no la hay, no podemos pretender que se nos escuche. ¿Acierta a verlo? Volvamos a la ilustración de la familia. Suponga que un niño no cree en la palabra de su padre y confiesa constantemente que tiene muchas dudas acerca de la veracidad de su progenitor. No siente ninguna vergüenza al decir tal cosa, y además siente que es digno de lástima, como si padeciera una enfermedad inevitable. Declara que aunque intenta creer en la promesa de su padre, no puede.

Creo que un padre en quien así se desconfía no se daría prisa por conceder la petición de su hijo. A decir verdad, es muy probable que las desconfiadas peticiones del hijo fueran tales que el padre no podría concedérselas aunque estuviera dispuesto a hacerlo, ya que servirían para aumentar su incredulidad y el deshonor de su progenitor.

Por ejemplo, suponga que este hijo duda que su padre le provea de alimento diario. Podría acercarse a su padre y decirle: «Padre, dame dinero suficiente hasta que sea mayor. Disipa mis temores, porque siento gran ansiedad». Y el padre le contesta: «Hijo mío, ¿por qué habría de hacer eso?». Y el hijo le responde: «Lamento mucho tener que decírtelo, querido padre, pero no confío en ti. Tengo tan poca fe en ti y en tu amor que temo que uno de estos días me harás pasar hambre, por lo que me gustaría tener algo seguro en el banco». ¿Qué padre escucharía tal petición? Le afligiría que pensamientos tan deshonrosos tuvieran cabida en la mente de uno de sus hijos queridos, pero no cedería —no podría ceder— a ellos.

Le pido que se aplique la parábola a sí mismo. ¿Nunca hizo peticiones de la misma índole? No confiaba que Dios le iba a dar cada día su pan, por lo que ansiaba recibir «alguna provisión para el futuro». Desea un proveedor más fidedigno que la providencia, una seguridad más firme que la promesa de Dios. Es incapaz de confiar en la Palabra de su Padre celestial y prefiere ¡confiar en los bonos ruinosos de una empresa a punto de declararse en bancarrota! ¡Puede confiar en los magnates de las instituciones financieras y no en el Dios de toda la tierra! Insultamos a Dios de mil maneras imaginando que las cosas que se ven son más sólidas que su omnipotencia invisible. Pedimos a Dios que nos conceda ahora lo que no necesitamos en este momento y quizá nunca necesitemos. La causa de tales deseos puede ser debida a una deshonrosa desconfianza en Él que nos hace imaginar que necesitamos grandes provisiones para tener todo lo necesario para cubrir cualquier contingencia. ¿No es culpable usted de esto al esperar que el Señor aumente su insensatez? ¿Estimulará el Señor su desconfianza? ¿Le dará un montón de oro y plata para que los ladrones le roben, y baúles de ropa para que la polilla los consuma (Mt 6:19)? ¿Pretenderá usted que el Señor actúe como si admitiera que sus sospechas son fundadas y reconociera que Él es infiel? ¡Dios le libre! No espere, pues, ser escuchado cuando su oración procede de un corazón incrédulo: «Encomienda a Jehová tu camino, y confía en él; y él hará» (Sal 37:5)

Otro elemento básico para tener éxito continuo en oración es el *amar como un niño*: «Y éste es su mandamiento: Que creamos en el nombre de su Hijo Jesucristo, y *nos amemos unos a otros como nos lo ha mandado*». El gran mandamiento después de la fe es el amor. De Él se dice que «Dios es amor» (1 Juan 4:8), por lo que podemos afirmar que el «cristianismo es amor». Si cada uno de nosotros fuéramos una encarnación del amor, habríamos alcanzado la completa semejanza de Cristo. Abundaríamos en amor a Dios, a Cristo, a la iglesia, a los pecadores, y a los hombres en cualquier lugar. El hombre que no ama a Dios es como el niño que no ama a su padre. ¿Puede acaso su padre prometerle cumplir todos los deseos de su corazón malévolo? O si un niño no ama a sus hermanos, ¿le hará su padre una promesa absoluta diciéndole: «Pide y te será concedido?». El hijo no agradecido empobrecería a toda la familia con su comportamiento egoísta. Dejando de lado al resto de la familia, el hijo egoísta sólo se preocuparía de satisfacer sus pasiones. Pocos Josés pueden vestir túnicas multicolores sin convertirse en tiranos de la casa. ¿Quién permitiría que un hijo pródigo partiera con el patrimonio familiar? ¿Quién sería tan poco sensato como para poner a un hermano codicioso y dominante en una posición de privilegio entre sus hermanos?

Es evidente que al egoísmo no se le puede confiar poder en la oración. No se pueden hacer promesas grandes, amplias e ilimitadas a los espíritus que no aman a Dios ni a los hombres. Si queremos que Dios nos escuche tenemos que amar a Dios y a nuestros semejantes. Si amamos a Dios no le pediremos nada que no le honre y no desearemos que nos suceda nada que no bendiga también a los hermanos. Nuestro corazón se mostrará sincero para con Dios y sus criaturas y no estaremos absorbidos en nosotros mismos. Uno debe librarse del egoísmo para que Dios le pueda confiar las llaves del cielo. Pero cuando el yo muere, Dios permite acceder a sus tesoros, y, como príncipes, tendremos influencia ante Dios y prevaleceremos.

También debemos *ser como niños*. «*El que guarda sus mandamientos, permanece en Dios, y Dios en él*». El niño se caracteriza porque ama su casa. No hay lugar que ame más el niño, cuyo padre siempre escucha sus peticiones, que la vieja casa en la que vive con sus padres. Y el que ama y guarda los mandamientos de Dios permanece en Él. Ha hecho del Señor su morada y habita en santa familiaridad con Dios. En él se cumplen las palabras del Señor: «Si permanecéis en mí, y mis palabras permanecen en vosotros, pedid todo lo que queréis, y os será hecho» (Jn 15:7). La fe y el amor, como las alas de un querubín, elevan el corazón del creyente por encima del mundo, y le transportan casi al trono de Dios. A este respecto, el creyente ha llegado a ser como Dios, sus oraciones pueden ser contestadas; pero hasta que no se conforme con la idea divina, tiene que haber un límite al poder de sus súplicas. Morar en Dios es esencial para orar con poder.

Suponga que alguien tiene un hijo que dice: «Padre, no me gusta esta casa; tú no me importas, ni me gustan las restricciones de la vida familiar. Me marcho de casa, pero volveré cada semana y espero que me des lo que te pida». ¿No dirá usted: «Hijo mío, si eres tan obstinado como para irte de casa, cómo puedes esperar que cumpla tu orden? No, hijo mío, si no quieres que sea tu padre, no puedo prometerte nada». Lo mismo sucede con Dios. Si moramos y tenemos comunión con Él, nos dará todas las cosas. Si le amamos como debe ser amado y confiamos en Él como debiéramos, escuchará nuestras oraciones. De otro modo, no cabe esperar que lo haga. En efecto, sería un desdoro para el carácter divino cumplir deseos impuros y gratificar malos caprichos. «Deléitate asimismo en Jehová, y él te concederá las peticiones de tu corazón» (Sal 37:4), pero si no se deleita en Dios, Él no le responderá. Podrá concederle el pan y el agua de aflicción y hacer su vida más amarga, pero ciertamente no le concederá lo que su corazón desea.

Una cosa más. Del texto parece desprenderse que hay que tener el espíritu de un niño, ya que *«en esto sabemos que él permanece en nosotros, por el Espíritu que nos ha dado»*. ¿Qué es esto sino el Espíritu de adopción: el Espíritu que opera en los hijos de Dios? El terco que piensa, siente y actúa de manera diferente a Dios no debe esperar que Dios se adapte a su forma de pensar, sentir y actuar. El egoísta, motivado por el espíritu de orgullo, o el perezoso, motivado por el amor al desahogo, no deben esperar que Dios sea indulgente con ellos. El Espíritu Santo —si gobierna en nosotros— subordinará nuestra naturaleza a su influencia y las oraciones que broten de corazones renovados se conformarán con la voluntad de Dios. Tales oraciones serán naturalmente escuchadas. Debe de haber en nosotros la misma forma de pensar que hubo en Cristo Jesús, para poder decir: «Yo sabía que siempre me oyes» (Jn 11:42).

La prevalencia de las cosas esenciales

Si tenemos *fe* en Dios, no cabe la menor duda de que Él escuchará nuestra oración. Si podemos invocar por fe el nombre y la sangre de Jesús, obtendremos respuestas de paz. Pero surgen mil objeciones. Suponga que estas oraciones tienen que ver con leyes de la naturaleza. Y que los científicos están en contra. ¿Entonces qué? No conozco ninguna oración que valga la pena hacer que no colisione con alguna ley natural, y sin embargo, creo que las oraciones son escuchadas. Se suele decir que Dios no cambia las leyes de la naturaleza por nosotros, y yo digo: «¿Quién ha dicho que habría de cambiarlas?». El Señor tiene maneras de responder a nuestras oraciones prescindiendo de los milagros o de la suspensión de sus leyes. Dios sabe cómo cumplir sus propósitos y escuchar nuestras oraciones por no sé qué medios secretos. Tal vez haya otras fuerzas y leyes que Él ha preparado para entrar en acción precisamente cuando actúa la oración: leyes tan fijas y fuerzas tan naturales como las que los doctos teóricos han podido descubrir. Los hombres más sabios no conocen todas las leyes que gobiernan el universo. Creemos que las oraciones de los cristianos forman parte de la maquinaria de la providencia, que son dientes en la gran rueda del destino. Cuando Dios dirige a sus hijos a orar, ya ha empezado a mover la rueda que producirá el resultado apetecido, y las oraciones que se ofrecen se mueven como una parte de la rueda. El orden de Dios lo ha establecido así cuando se cree en Él. Dios debe escuchar la oración. El versículo que precede al texto dice así: «Si nuestro corazón no nos reprende, confianza tenemos en Dios» (1 Jn 3:21). El que tiene una conciencia limpia se acerca a Dios con confianza, y esa confianza le asegura la respuesta a su oración.

La confianza de un niño permite orar como nadie puede hacerlo. Hace que un hombre pida cosas grandes que nunca pediría si no hubiese aprendido a confiar. También hace que pida cosas pequeñas que muchas personas no se atreven a pedir porque aún no sienten hacia Dios la confianza de un niño. Yo suelo notar que hace falta más confianza en Dios para pedirle cosas pequeñas que cosas grandes. Nos imaginamos que nuestras cosas grandes son dignas de la atención de Dios, aunque, en realidad, son bastante pequeñas para Él. Y pensamos que nuestras cosas pequeñas deben ser tan insignificantes que es un insulto presentárselas. Tenemos que darnos cuenta que lo que es muy importante para un niño puede ser muy pequeño para su padre, y sin embargo, el padre mide una cosa no desde su punto de vista, sino desde el del niño. El otro día usted oyó llorar a su hijito amargamente. La causa del dolor fue una espina que se clavó en el dedo. Y aunque no llamara a tres cirujanos para extraérsela, la espina supuso gran sufrimiento para el pequeño. Con ojos humedecidos con lágrimas de angustia, al niño no se le ocurrió pensar que su dolor era demasiado pequeño para que usted se ocupara de él. ¿Para qué están los padres y las madres sino para ocuparse de los pequeños asuntos de los niños pequeños? Y Dios nuestro Padre es un buen padre que se compadece de nosotros como nosotros de nuestros hijos. Él cuenta las estrellas y las llama por sus nombres, pero también sana a los quebrantados de corazón y venda sus heridas.

El mismo Dios que hizo el sol ha dicho: «El pábilo que humea no apagará» (Mt 12:20). Si usted ha puesto su confianza en Dios, pídale cosas grandes y pequeñas sabiendo que Él nunca traicionará su confianza. Pues ha dicho a los que confían en Él: «No os avergonzaréis, ni os afrentaréis, por todos los siglos» (Is 45:17). La fe debe triunfar.

El amor debe triunfar también, ya que hemos visto que el hombre que ama en el sentido cristiano vive en armonía con Dios. Si usted limita su amor a su propia familia, tiene que darse cuenta que Dios no limita su amor de este modo, por eso las oraciones restringidas a su círculo familiar serán descartadas. Si un hombre sólo se ama a sí mismo y espera que las cosechas de trigo ajenas se pierdan para que la suya suba de precio, ciertamente no puede esperar que el Señor acepte egoísmo tan mezquino. Si un hombre tiene un corazón suficientemente grande como para abrazar a todas las criaturas mientras sigue orando especialmente por la familia de la fe, sus oraciones concordarán con la mente divina. El amor del hombre y la bondad de Dios corren parejos. Aunque el amor de Dios es como la corriente de un caudaloso río comparada con la del fino hilillo del arroyo humano, no obstante, ambas corren en la misma dirección y arriban a la misma desembocadura. Dios siempre escucha las oraciones del hombre que ama porque sus plegarias son la sombra de sus propios decretos.

El hombre *obediente* es el hombre a quien Dios escucha. El corazón obediente del hombre le mueve a orar con humildad y sumisión, porque siente que su mayor deseo es que se cumpla la voluntad del Señor. El hombre de corazón obediente ora como un profeta, y sus oraciones son profecías. ¿No es uno con Dios? ¿No desea y pide exactamente lo que Dios quiere? ¿Cómo puede una oración desde tal arco disparada errar el blanco? Si su alma está en armonía con el corazón de Dios tendrá los deseos de Dios. La dificultad estriba en que no mantenemos la armonía con Dios; pero si la mantuviéramos, tocaríamos la misma nota que Él. Y aunque la nota de Dios sonara como un trueno y la nuestra como un susurro, no obstante, sonarían al unísono: la nota tocada en oración sobre la tierra coincidiría con la que procede de los decretos del cielo.

El hombre que vive en *comunión con Dios* tiene éxito asegurado en la oración. Si el hombre habita en Dios, y Dios habita en él, deseará lo que Dios desea. El creyente que se mantiene en comunión con el Señor desea el bien del hombre, lo mismo que Dios; la gloria de Cristo, como también la desea Dios; la prosperidad de la iglesia, lo mismo que Dios; que su vida sea ejemplo de santidad, como Dios desea. Ese hombre sabe que tiene deseos que no se conforman con la voluntad de Dios, pero cubre este defecto añadiendo siempre esta coletilla a su oración: «Señor, si te he pedido algo que no está de acuerdo con tu pensamiento, te ruego que lo descartes». Y si te he expresado algún deseo —aunque sea el que más arde en mi pecho— que no sea agradable a tus ojos, te ruego que lo descartes, Padre mío. Pero en tu infinito amor y compasión, haz por tu siervo algo mejor de lo que él te sabe pedir». Cuando una oración se adapta a este patrón, ¿cómo puede fallar? El Señor se asoma por las ventanas del cielo y ve cómo sube esa oración (lo mismo que Noé vio la paloma que volvía al arca) y extiende su mano hacia ella. Como Noé metió la paloma en el arca, así hace Dios con esa oración, y la recibe en su seno diciendo: «Saliste de mi seno y ahora te doy la bienvenida. Mi Espíritu te inspiró, por tanto te daré respuesta».

Recuerde que nuestro texto habla del creyente *lleno del Espíritu de Dios.* «Y en esto sabemos que él permanece en nosotros, por el Espíritu que nos ha dado». ¿Quién conoce la mente de un hombre sino el espíritu de ese hombre? De igual manera, ¿quién conoce las cosas de Dios sino el Espíritu de Dios? Algunos piensan que los que siempre prevalecen en oración pueden orar por lo que les venga en gana, pero puedo asegurarle que no es así. Podrá llamar a esa persona y pedirle que ore por usted, pero ella no puede prometerle que lo hará. Estas personas que oran están sometidas a extrañas restricciones. Oigo que se dice: «No entiendo cómo ni por qué, pero algunas veces no puedo hacer oraciones fervientes y efectivas, aunque deseara hacerlo». Como cuando Pablo deseó ir a Bitinia y el Espíritu se lo impidió, de modo que hay peticiones que nos gustaría hacer en lo natural, pero nos vemos impedidos en el espíritu. Superficialmente, puede que no haya nada que objetar tocante a cierta oración, pero el Señor revela sus secretos a los que le temen, confía su intimidad: cuándo y dónde sus escogidos pueden esperar prevalecer. El Espíritu le promete escuchar su plegaria de fe, pero no le da fe para orar por todas las cosas por las que le piden que ore. Al contrario, Él le concede discreción, juicio y sabiduría, y el Espíritu intercede en los santos acomodándose a la voluntad de Dios.

Mejoras prácticas para orar

Es necesario orar para que Dios envíe una gran bendición a la iglesia en general. ¿Contamos con los elementos esenciales para triunfar? ¿Creemos en el nombre de Jesucristo? ¿Estamos llenos de amor por Dios y por el prójimo? El mandamiento doble es que creamos en el nombre de Jesucristo y nos amemos unos a otros. ¿Nos amamos unos a otros? ¿Andamos en amor? Confieso que estoy lejos de ser perfecto por lo que toca a este asunto. ¡Cuántas veces actuamos egoístamente, sin consideración, o hacemos cosas poco amables, o las decimos, o escuchamos chismes, o retenemos la mano ásperamente cuando debiéramos ofrecer ayuda, o incluso la extendemos despiadadamente para empujar al que ya estaba cayendo! Si en la iglesia de Dios se da tal falta de amor, no podemos esperar que la oración sea escuchada, porque Dios dirá: «Me piden éxito. ¿Para qué? ¿Para engordar una comunidad que aún no se ama? Me piden más conversiones. ¿Para qué? ¿Para sumar miembros a una comunidad que no se ama? ¿Esperan que Dios salve pecadores que no aman y convierta almas por las que no se interesan en absoluto? El gran instrumento del Espíritu Santo para conquistar el mundo es el amor de su pueblo a los otros. La espada del Espíritu, que es la Palabra de Dios, es el arma por excelencia, pero además está la atención amorosa y el estilo de vida generoso que muestran los cristianos a los demás. ¿Cuánto amor tenemos? ¿O debiera preguntar cuán poco?

¿Estamos haciendo lo que es agradable a los ojos de Dios? No podemos esperar respuestas a la oración si no lo hacemos. ¿Ha estado usted haciendo lo que le gustaría que viese Jesús? ¿Está su casa ordenada de tal manera que complace a Dios? Suponga que Jesucristo visitara su casa esta semana inesperadamente y sin ser invitado: ¿Qué pensaría de lo que viese? A menos que los miembros de la iglesia hagan lo que es agradable a los ojos de Dios cerrarán la puerta al éxito de sus oraciones. ¿Quién desea estorbar el éxito de la iglesia de Dios llevando una vida cristiana incongruente?

¿Moramos en Dios? El texto afirma que si guardamos sus mandamientos, Dios mora en nosotros y nosotros en Él. ¿Vivimos así a lo largo del día? ¿En nuestras ocupaciones permanecemos con Dios? Un cristiano no debe correr a Dios por la mañana y por la noche, usarle como refugio, como medio para obtener sus propios fines. Hemos de morar en Dios y vivir en Él desde el amanecer hasta que el día concluye, hacer de Dios el centro de nuestra vida y andar delante de Él.

¿Nos motiva el Espíritu de Dios, u otro espíritu? ¿Esperamos en el Señor y decimos: «Señor, que tu Espíritu me muestre qué decir y hacer en esta situación? Sé Señor de mi juicio, somete mis pasiones, controla mis impulsos y haz que tu Espíritu me guíe. Señor, que Tú seas mi alma y mi vida, y en el triple reino de mi espíritu, alma y cuerpo, sé mi Amo supremo. En cada parte de mi naturaleza, establézcase tu ley y hágase tu voluntad». Si pensáramos así tendríamos una iglesia poderosa. ¡Que Dios libre a su iglesia de perder su presencia! Que Dios nos conceda la gracia de ser bastante fuertes como para vencer el mal que nos asedia y, habiendo hecho todo, estar a la altura de la gloria de su gracia.

Recuerde que la intercesión es la oración más dulce que Dios escucha... es sumamente victoriosa. ¡Qué maravillas ha forjado! La oración intercesora ha detenido plagas. Disipó la oscuridad que cubría a Egipto, alejó las ranas que saltaban en la tierra, dispersó los piojos y las langostas que azotaban a los habitantes de Zoán, apagó los truenos y los relámpagos, detuvo todos los estragos que la mano vengadora de Dios hizo sobre faraón y su pueblo. Sabemos que la intercesión sanó enfermedades en la iglesia primitiva. Tenemos evidencia de ello en los antiguos tiempos mosaicos. Cuando Miriam se vio plagada de lepra, Moisés oró y la lepra desapareció. La intercesión ha levantado muertos. Elías se tendió sobre el hijo de la viuda de Sarepta tres veces y el niño estornudó y recuperó su alma. Sólo la eternidad revelará cuántas almas ha guiado a la salvación la intercesión. No hay nada que no pueda hacer la intercesión. Creyente, tiene a su disposición un arma potentísima. Úsela bien, constantemente, con fe, y con toda seguridad prevalecerá.

8

La oración intercesora

Y quitó Jehová la aflicción de Job, cuando él hubo orado por sus amigos —Job 42:10.

«Y quitó Jehová la aflicción de Job». ¡Qué promesa encierra este pasaje! Las aflicciones más prolongadas tienen fin y los abismos más profundos de la miseria tienen fondo. El invierno no arrugará el ceño para siempre; el verano pronto sonreirá. La marea no menguará eternamente; las inundaciones vuelven a su cauce. La noche no cernerá para siempre su oscuridad sobre nuestras almas; el sol aún saldrá con sanidad bajo sus alas.

«Y quitó Jehová la aflicción de Job». Nuestras aflicciones cesarán cuando Dios haya cumplido su propósito. Uno de los propósitos, en el caso de Job, fue que Satanás pudiera ser derrotado —anulado con sus propias armas, sus esperanzas al traste, después de tenerlo todo a su manera—. En respuesta al desafío de Satanás, Dios extendió su mano y tocó a Job en hueso y carne, y sin embargo, el tentador no pudo prevalecer contra Job. Más bien, sufrió un revés con estas victoriosas palabras: «Aunque él me matare, en él esperaré» (Job 13:15). Cuando Satanás es derrotado, la batalla cesa.

El Señor también quiso probar la fe de Job. De esta palmera pendieron muchos pesos, pero siguió creciendo derecha. El fuego fue devorador, el oro no disminuyó; sólo la escoria fue consumida.

El Señor tuvo otro propósito: su propia gloria. Y Dios fue muy glorificado. Job había glorificado a Dios mientras sufría en el estercolero;

ahora le volvía a magnificar sentado en su silla real, a la puerta de la ciudad. Dios recibió eterno reconocimiento a través de la gracia con que sostuvo a su pobre siervo sometido a las aflicciones más penosas que jamás cayeran sobre la especie humana.

Dios aún tenía otro objetivo, esto es, la santificación de Job a través de sus padecimientos. El espíritu de Job fue ablandado. El pequeño grado de mordacidad en su temperamento que Job pudiera haber tenido hacia otros fue, por fin, extirpado. Los compasivos designios de Dios son ahora respondidos. Él aparta la vara de las espaldas de su siervo y saca la plata derretida en ardientes brasas. Dios no aflige o entristece voluntariamente a los hijos de los hombres sin motivo. Lo demuestra el hecho de que nunca les aflige más de lo que conviene y nunca tolera que el horno se prolongue ni un instante más de lo absolutamente necesario para servir al propósito de su sabiduría y su amor.

«Y quitó Jehová la aflicción de Job». Querido hermano en Cristo, usted ha padecido larga cautividad y aflicción. Dios le vendió en mano de sus adversarios, y usted lloró en las riberas de los ríos de Babilonia, colgando su arpa en los sauces. ¡No desespere! El que acabó con la aflicción de Job puede también desviar la suya como los arroyos del sur. Él hará que su viña florezca y su campo vuelva a dar fruto. Volverá a salir con los que se gozan, y una vez más brotarán de sus labios cánticos de alegría. No permita que la desesperación afiance sus crueles grilletes sobre su alma. Espere aún, porque hay esperanza. Confíe aún, porque hay razones para confiar. Él le sacará de la tierra de cautiverio, y usted confesará: «Has cambiado mi lamento en baile» (Sal 30:11).

Le invito a prestar especial atención a la circunstancia que acompañó a la restauración de Job. «Y quitó Jehová la aflicción de Job, cuando él hubo orado por sus amigos». La oración intercesora fue la señal de la recuperación de la grandeza de Job. Fue el arcoíris en la nube, la paloma portando la rama de olivo, la voz de la tórtola anunciando la llegada del verano. Cuando el alma de Job comenzó a ensancharse en oración amorosa y santa por sus hermanos descarriados, el corazón del Señor se le manifestó devolviéndole su prosperidad y consolando su alma. ¡Qué lecciones sobre el tema de la oración por otros contiene este texto! Aprendamos a imitar el ejemplo de Job y oremos por nuestros amigos.

En mi opinión, cuatro cosas destacan en la intercesión. Primero, el ejercicio de la intercesión es muy recomendable. Segundo, se nos anima a involucrarnos. Tercero, se nos sugiere por quién debemos orar. Cuarto, se exhorta a todos los creyentes a perseverar en el ejercicio de la intercesión.

Se recomienda el ejercicio de la intercesión

Permítame recordarle que la intercesión ha sido *practicada por los mejores santos de Dios.* Tal vez no hallemos ejemplos atribuibles a cada uno de ellos, pero nunca hubo santo que destacara por su piedad que no fuera siempre fervoroso en desear ardientemente el bien de su prójimo y no orara por ese fin. Tómese Abraham, el padre de la fe. ¡Cuán fervorosamente oró por su hijo Ismael! «Ojalá Ismael viva delante de ti» (Gn 17:18). Con qué importunidad se acercó al Señor en las llanuras de Mamre cuando bregó con Él una y otra vez a favor de Sodoma. «¿Destruirás también al justo con el impío? Quizá haya cincuenta… Quizá faltarán de cincuenta justos cinco… Quizá se hallarán allí cuarenta… Quizá se hallarán allí treinta… Quizá se hallarán allí veinte,… Quizá se hallarán allí diez» (Gn 18:23-32). Bien insistió Abraham, y si a veces nos sentimos tentados a desear que no se hubiera detenido, no obstante, debemos alabarle por haber seguido adelante, e intercedido por aquella ciudad sentenciada y depravada.

Recuerde a Moisés, el hombre más noble, ¡con cuánta frecuencia intercedió! ¿Cuán a menudo se topa usted con un relato como éste?: Moisés y Aarón se postraron sobre sus rostros» (Nm 14:5). Recuerde el clamor de Moisés en la cima del monte cuando interceder representaba para él una pérdida personal. Cuando Dios había dicho: «Ahora, pues, déjame… y de ti yo haré una nación grande» (Ex 32:10), no obstante, Moisés perseveró, se arrojó sobre la trayectoria del hacha de justicia y exclamó: «Te ruego… que perdones ahora su pecado, y si no», (alcanzando aquí el clímax de su agonizante fervor) «ráeme ahora de tu libro que has escrito» (Ex 32:32). Nunca hubo profeta más poderoso que Moisés, ni que con mayor fervor intercediera.

O pasemos a los días de Daniel. Recuerde sus palabras: «Lejos sea de mí que peque yo contra Jehová cesando de rogar por vosotros» (1 S 12:23). O piense en Salomón y en su ferviente intercesión con manos extendidas cuando oró por la asamblea del pueblo en la inauguración del templo (1 Reyes 8). Vayamos a Ezequías con la carta de Senaquerib extendida delante del Señor, cuando no sólo oró por sí mismo, sino también por el pueblo de Israel en aquellos tiempos difíciles (2 Reyes 19:14). Piense en Elías, quien por amor a Israel hizo atraer la lluvia para que el pueblo de la tierra no pereciera. En cuanto a sí mismo, los milagros le proporcionaron su pan y su agua, pero rogó por otros diciendo a su siervo: «Vuélvete siete veces» (1 R 18:43). No se olvide de Jeremías cuyas lágrimas fueron oraciones que brotaban de un corazón tan apasionado que no podía expresarlas ni enunciarlas con sus labios (Jer 13:17). La vida de Jeremías fue un aguacero prolongado, cada gota una oración, y el diluvio resultante, una inundación de intercesión. Y por tomar un ejemplo de la vida de Cristo y los apóstoles, recuerde que Pedro oró en la azotea de una casa, o Esteban bajo una lluvia de piedras. O piense en Pablo, que dijo que no cesaba de acordarse ni de hacer mención de los santos en sus oraciones (Ro 1:9), deteniéndose en plena epístola para exclamar: «Por esta causa doblo mis rodillas ante el Padre de nuestro Señor Jesucristo» (Ef 3:14).

Aunque podríamos recomendar el deber de la intercesión citando innumerables ejemplos de la vida de eminentes santos, al discípulo de Cristo le basta con que afirmemos que *Él ha establecido el deber y el privilegio de interceder por otros*. Nos enseñó a orar diciendo: «Padre *nuestro*», y las siguientes expresiones están en plural, no en singular. «El pan *nuestro* de cada día, *dánoslo* hoy...perdónanos *nuestras* deudas...no *nos* metas en tentación» (Mt 6:9-13). Evidentemente, Él quiso mostrarnos que ninguno de nosotros debe de orar exclusivamente por sí mismo. Aunque enunciemos oraciones tan amargas que forzosamente han de ser personales, como la de nuestro Salvador: «Padre mío, si es posible, pase de mí esta copa» (Mt 26:39), no obstante, por regla general, al orar no debemos olvidar la iglesia del Dios vivo. ¡Cuántas veces nos exhorta el Espíritu Santo por la pluma de Pablo a orar por los ministros! «Hermanos —dice Pablo— orad por nosotros» (2 Ts 3:1). Santiago, el apóstol eminentemente práctico, nos amonesta: «Confesaos vuestras ofensas unos a otros, y orad unos por otros, para que seáis sanados» (Stg 5:16), como si no sólo necesitara sanidad el enfermo por quien se ora, sino también el que ofrece la oración. Nosotros también recibimos especial bendición cuando nuestro corazón se engrandece por el pueblo del Dios vivo.

Pero no citaré más pasajes en los que se especifica claramente el deber de orar por otros. Permítame recordarle *el preclaro ejemplo del Maestro*. Jesús es nuestro modelo; siga su liderazgo. ¿Ha habido siquiera uno que intercediera como Él? Recuerde su oración de oro cuando clamó al Padre por los suyos: «Ruego...que los guardes del mal» (Jn 17:15). ¡Qué tremenda oración fue esa! Parece que Jesús pensó en todas sus necesidades y debilidades y, en una sesión larga de intercesión, derrama su corazón ante del trono del Padre. Considere que estando incluso sumido en la agonía de la crucifixión, no olvidó que seguía siendo un intercesor por el hombre. «Padre, perdónalos, porque no saben lo que hacen» (Lc 23:34). Y recuerde que su Salvador está hoy delante del trono con manos extendidas orando por usted —adquirido con su sangre— y por los que crean en Él a través de su palabra. Con un ejemplo como éste, seremos verdaderamente culpables si nos olvidáramos de suplicar por otros.

Si en la Biblia no hubiese ejemplos de intercesión, si Cristo no hubiera dejado claro que es su voluntad que oremos por otros, e incluso si no supiéramos que Cristo acostumbraba a interceder, pese a todo, *el espíritu mismo de nuestra santa fe* nos constreñiría a implorar por otros. ¿Acude usted a orar ante la faz y la presencia de Dios sin pensar en nadie más que en sí mismo? Con certeza que el amor de Cristo no puede residir en usted, ya que el Espíritu de Cristo no es egoísta. Ningún hombre vive para sí mismo una vez que el amor de Cristo mora en él. Sé que hay algunos cuya religión se reduce cómodamente a los límites de sus propios intereses egoístas. Les basta con *oír* la Palabra, con *ser* salvos, con *ir* al cielo. Ah, espíritu infeliz, ¡no llegarás allá! Tendría que haber otro cielo para usted, porque el cielo de Cristo es el cielo de los desinteresados, el templo de los corazones nobles, la bienaventuranza de los espíritus amorosos. Es el cielo de los que, como Cristo, están dispuestos a hacerse pobres para que otros puedan ser ricos. No puedo creer —es un escarnio a la doctrina que Él predicó— que el hombre cuyas oraciones sean egoístas tenga algo del Espíritu de Cristo en él. Recomiendo la oración intercesora porque abre el alma del hombre, da sana holgura a su benevolencia y le obliga a entender que él no es todo. Convence al hombre de que este ancho mundo y gran universo no fueron creados para que él fuera su reyezuelo, para que todo se doblegara a su voluntad, y todas las criaturas se inclinaran ante él. Digo que le hace bien, para que sepa que la cruz no sólo fue izada por él, sino que la gran extensión que cubren los brazos de Cristo significa un infinito derramamiento de bendición sobre millones de seres humanos. La intercesión hará del flaco y hambriento adorador de sí mismo otro hombre, más semejante al Hijo del Hombre, y menos parecido al perverso Nabal (1 S 25).

Recomiendo el bendito privilegio de la intercesión por su dulce naturaleza fraternal. Usted y yo podemos ser, en lo natural, duros, ásperos y de espíritu poco amoroso, pero el orar por otros nos recordará que tenemos, realmente, una relación con los santos, que sus intereses son los nuestros, que nos interesamos juntamente con ellos en todos los privilegios de la gracia. No conozco nada que, por la gracia de Dios, sea mejor medio de unión que la oración constante de los unos por los otros. No es posible abrigar enemistad en el corazón contra el hermano si se ha aprendido a orar por él. Si él le ha agraviado, y usted lleva su ofensa ante el trono de la gracia para orar por ella, tendrá que perdonarle. Ciertamente, uno no puede ser tan hipócrita como para pedir que Dios bendiga a su hermano en su presencia y después maldecirlo en su propio corazón. Cuando surgen quejas de un hermano contra otro, lo mejor es decir: «Oremos antes de meternos en ese asunto». Si usted practica mucha súplica por sus hermanos, perdonará su mal genio, pasará por alto su atrevimiento, no tendrá en cuenta sus palabras ásperas; sabiendo que también puede ser tentado y que tiene pasiones semejantes a las suyas, cubrirá sus faltas y sobrellevará sus debilidades.

Para añadir una recomendación más a la intercesión, me parece que cuando Dios da mucha gracia a un hombre debe ser con la intención de poder usarla para el resto de la familia. Yo compararía a los que tienen comunión íntima con Dios con los cortesanos del palacio de un rey. ¿Qué hacen los cortesanos? ¿No aprovechan acaso su influencia en la corte para presentar las peticiones de sus amigos donde pueden ser oídas? Hay una especie de mecenazgo celestial que usted debería ejercitar diligentemente. Le pido que lo use a favor de su ministro. Úselo a favor del pobre, del enfermo, el afligido, el tentado, el puesto a prueba, el abatido, el desesperado. Si el Rey le escucha, háblele a favor de otros. Si se le permite acercarse mucho a su trono, su fe es sólida, su ojo claro, su interés seguro, y el amor de Dios ha sido dulcemente derramado en su corazón, lleve entonces las peticiones de sus pobres hermanos que están fuera, a la puerta. Es completamente imposible tener una gran medida de gracia a menos que uno sea movido a emplear su influencia a favor de otros. Si su alma tiene algo de gracia y usted no es un intercesor influyente, esa gracia será como un arrugado y diminuto grano de mostaza. Sólo tiene gracia suficiente para que su alma no se hunda en la arena movediza, pero carece de corrientes profundas de la misma gracia, de lo contrario, transportaría una carga abundante de necesidades ajenas hasta el trono de Dios. Y les acarrearía grandes bendiciones que no podrían haber obtenido sin su ayuda. Si usted es como un ángel con el pie en la escala dorada que llega hasta el cielo, si asciende y desciende, sepa que ascenderá con sus peticiones por otros y descenderá con bendiciones para ellos, porque es imposible que un santo maduro viva y ore para sí mismo.

Ánimo para interceder

Recuerde que la intercesión es la oración más dulce que Dios escucha. No lo dude, porque la oración de Cristo es de esta índole. En todo el incienso que nuestro Sumo Sacerdote pone ahora en el incensario, no hay un solo grano para sí. Su obra está acabada, su recompensa obtenida. No le quepa duda que la oración de Cristo es la más aceptable de todas las súplicas. Así pues, cuanto más se parezca su oración a la de Cristo, más dulce será. Y aunque le esté permitido pedir para sí mismo, no obstante, sus ruegos por otras personas —para que exhiban más frutos del Espíritu, más amor, quizá más fe, ciertamente más amor fraternal— serán como el sacrificio más agradable que usted pueda ofrecer a Dios. Recuerde una vez más que la intercesión es sumamente victoriosa. ¡Qué maravillas ha forjado! La oración intercesora ha detenido plagas. Disipó la oscuridad que cubría a Egipto, alejó las ranas que saltaban en la tierra, dispersó los piojos y las langostas que azotaban a los habitantes de Zoán, apagó los truenos y los relámpagos, detuvo todos los estragos que la mano vengadora de Dios hizo sobre faraón y su pueblo. Sabemos que la intercesión sanó enfermedades en la iglesia primitiva. Tenemos evidencia de ello en los antiguos tiempos mosaicos. Cuando Miriam se vio plagada de lepra, Moisés oró y la lepra desapareció. La intercesión ha levantado muertos. Elías se tendió sobre el hijo de la viuda de Sarepta tres veces y el niño estornudó y recuperó su alma. Sólo la eternidad revelará cuántas almas ha guiado a la salvación la intercesión. No hay nada que no pueda hacer la intercesión. Creyente, tiene a su disposición un arma potentísima. Úsela bien, constantemente, con fe, y con toda seguridad prevalecerá.

Tal vez dude en cuanto a interceder por alguien que ha caído profundamente en pecado. ¿Oyó alguna vez hablar de alguien a quien se diera por muerto cuando aún estaba vivo? ¿No ha oído nunca contar relatos a la antigua usanza de alguien amortajado y puesto en el féretro cuando, no obstante, se hallaba en coma y aún no había fallecido? No puedo garantizar la veracidad de tales historias, pero le puedo asegurar que ha habido más de un hombre a quien se le había dado espiritualmente por muerto mientras aún estaba al alcance de la gracia. Dios les encontró y sacó del horrendo pozo de lodo cenagoso, poniendo sus pies movientes sobre la roca viva. No dé nunca a nadie por espiritualmente muerto hasta que esté físicamente enterrado. Pero quizá usted dirá: «No puedo orar por otros, porque soy muy débil y no tengo ninguna fuerza». Obtendrá fuerza con el ejercicio. Pero además, el poder en la oración no depende de la fuerza del hombre, sino del poder del argumento que esgrime. Podrá ser muy débil, pero si siembra semilla, no es su mano la que produce la cosecha, sino la vitalidad de la simiente. Lo mismo ocurre con la oración de fe. Cuando usted reclama una promesa y deja caer su oración en la tierra, con esperanza, su debilidad no hará que la oración se eche a perder. Tendrá éxito ante Dios y descenderán bendiciones de lo alto. Job salió de su muladar para interceder; del mismo modo puedo salir yo de mi cubil de debilidad. Usted sale de su pobreza para interceder por otros, y nosotros también. Elías fue un hombre que tuvo pasiones, debilidades e inclinaciones semejantes a las nuestras, pero triunfó. También lo hará usted si no descuida estos ejercicios, sino que ora intensamente por otros, como hizo Job por sus amigos.

Por quién hemos de interceder

En el caso de Job, él oró por los amigos que le ofendieron. Ellos habían hablado duramente de su persona. Interpretaron equivocadamente su pasado, y aunque no hubiera habido nada reprochable en su carácter —el Señor mismo testificó que era un hombre perfecto y justo—, le acusaron de hipocresía, asumiendo que todo lo que hacía era por lucro personal. Tal vez la peor ofensa que se puede lanzar contra un hombre justo y santo sea sospechar de sus intenciones y acusarle de egoísmo. Sin embargo, ignorándolo todo, como el sol olvida la oscuridad que ha ocultado su gloria y la dispersa con sus rayos, Job se acerca suplicante al trono de gracia. Es aceptado y ruega por sus amigos para que también lo sean. Presente a sus ofensores ante el trono de Dios. Será un bendito método de demostrar la sinceridad de su perdón. Cuando esté solo delante de Dios —lo cual no quiere decir que alimentará su venganza volviendo a contarle el caso— pida al Señor que perdone a su hermano descarriado y que borre todo pecado que pueda haber manchado su vestimenta.

Cerciórese de orar por sus amigos porfiadores. Esos hermanos habían estado discutiendo con Job, y la controversia se alargó hasta la extenuación. Es mejor orar que discutir. A veces uno piensa que sería buena cosa celebrar un debate público sobre una doctrina. Pero sería mejor orar por el tema. Lleve a sus queridos amigos, equivocados en la práctica, no a la sala de debate, sino delante de Dios, y que sea éste su clamor: «Enséñame si estoy equivocado, muestra a mi amigo si es él quien lo está, y corrígele».

Esto es también lo que deberíamos hacer con nuestros amigos altaneros. Elifaz y Bildad eran muy orgullosos. ¡Cómo menospreciaban al pobre Job! Pensaban que era un gran pecador, un hipócrita consumado. Permanecieron con él, pero sin duda pensaban que estaban siendo muy condescendientes. A veces se oyen quejas de cristianos de lo orgullosos que son otros. Éstos no serán más humildes si usted refunfuña. ¿Qué decir de un hermano que no le hace caso en la calle porque usted es pobre? Lo mejor es contárselo a su Padre. Usted no se enfadaría con alguien que tuviera cataratas en los ojos. Tendría más bien compasión de él. ¿Por qué enfadarse con un hermano porque es orgulloso? Es una enfermedad, una enfermedad muy grave, la fiebre escarlatina del orgullo. Acuda al Señor para que lo sane, ya que su enojo no lo conseguirá. Su ira le puede hinchar y hacerle peor que antes, pero no lo restablecerá. Ore por él, hermano, ore por él. Rételo a un duelo, pero escogiendo la oración como única arma. Le aseguro que si él es orgulloso, y su oración prevalece, pronto sacará Dios el orgullo de su hijo y le dará la humildad que debe tener.

En particular, quisiera pedirle que ore sobre todo por los que están *incapacitados para orar* por sí mismos. Los tres amigos de Job no podían orar por sí mismos porque el Señor dijo que no les aceptaría si lo hacían. Dios dijo que estaba enfadado con ellos, pero tocante a Job declaró: «De cierto a Él atenderé» (Job 42:8). No es mi intención trastornar sus sentimientos afirmando que hay algunos —incluso en el pueblo de Dios— que no pueden orar aceptablemente durante ciertas temporadas. Cuando un hombre ha estado cometiendo pecado, lo primero que tiene que hacer es arrepentirse, no orar. Primeramente tiene que arreglar su cuenta pendiente con Dios antes de ponerse a interceder por otros. Y hay muchos cristianos que no pueden orar. La duda se ha colado en su corazón, el pecado les ha robado la confianza, y se quedan a la puerta con sus peticiones. No se atreven a traspasar el velo. Hay también muchos creyentes sometidos a prueba que están tan deprimidos que no pueden orar con fe, y por lo tanto, no pueden prevalecer. Si usted puede orar, lleve los pecados del prójimo al atrio, y después de obtener su propia audiencia, diga: «Señor mío, por cuanto me has honrado con tu presencia, óyeme ahora por amor a tu pobre pueblo que en este momento no tiene acceso a la luz de tu rostro». Además, hay millones de pobres pecadores que están muertos en sus pecados y no pueden orar. Ore por *ellos*. El arrepentimiento y la fe vicarios que un santo puede ejercer en nombre de un pecador son de gran bendición. «Señor, ese pecador no siente; ayúdame a sentir por él porque si no estará perdido. Señor, ese pecador no cree en Cristo, no cree que Cristo le puede salvar, pero yo sé que puede. Oraré creyendo por ese pecador, y me arrepentiré por él, y aunque mi arrepentimiento y mi fe no le aprovechen sin su fe y su arrepentimiento personal, haz posible que a través de mí él pueda ser reducido al arrepentimiento y conducido a la oración».

Exhortación para orar por otros

¿Ora usted siempre por otros? ¿Ha presentado la causa de sus hijos, su iglesia, su vecindario y el mundo pagano delante de Dios como debería haber hecho? Si *usted* lo ha hecho, yo no. Escribo esto como un gran delincuente, delante del Maestro, que confiesa su pecado, y mientras le exhorto a practicar lo que es indudablemente un noble privilegio, antes que nada me exhorto a mí mismo.

¿Cómo podremos usted y yo satisfacer la deuda contraída con la iglesia a menos que oremos por otros? ¿Cómo se convirtió usted? Fue porque alguien oró. Al recordar mi propia conversión, no puedo dejar de atribuirla a las oraciones de mi madre por el Espíritu de Dios. Yo creo que el Señor escuchó la ferviente súplica que yo no sabía que su espíritu hacía por mí. Puede que oraran por usted cuando dormía en su cuna, que las oraciones lacrimosas de su madre cayeran sobre su sien infantil y le proporcionaran un auténtico *bautismo* cuando aún era pequeño. Quizá usted es un marido que debe su conversión a las oraciones de su esposa. Quizás fueran las oraciones de una hermana o maestra de escuela dominical. Si, gracias a las oraciones de otros, usted y yo fuimos conducidos a Cristo, ¿de qué otra forma podemos pagar esa bondad cristiana sino rogando por otros? El que no tiene a nadie que ore por él bien puede considerarse una persona falta de esperanza. Que ninguno de sus conocidos tenga que decir que no hay nadie que ora por él. Al igual que hubo alguien que rogó por usted, que las pobres almas que usted conoce hallen una persona que ruegue por ellas.

¿Cómo va a demostrar usted su amor por Cristo y su iglesia si se niega a orar por sus semejantes? «Nosotros sabemos que hemos pasado de muerte a vida, en que amamos a los hermanos» (1 Jn 3:14). Si no amamos a los hermanos, todavía estamos muertos. Me atrevo a decir que un hombre no ama a sus hermanos si no ora por ellos. Es lo mínimo que uno puede hacer, y si no lo cumple, ciertamente, también fallará en lo máximo. Le volveré a preguntar: «¿Cómo espera que sus oraciones sean contestadas si nunca implora por otros? ¿No le dirá el Señor: «Desdichado egoísta, llamas a mi puerta, pero siempre es por tu propio bienestar, nunca por el de los demás? En vista de que nunca pides una bendición por uno de estos mis hermanos más pequeños, no te bendeciré. Si no amas a los santos ni a tus semejantes, ¿cómo puedes amarme a Mí a quien no has visto? ¿Y cómo puedo yo amarte y concederte las bendiciones que me pides?».

Le exhorto encarecidamente a interceder por otros, porque ¿cómo puede ser cristiano si no lo hace? Los cristianos son sacerdotes, pero ¿cómo van a ser sacerdotes si no ofrecen sacrificio?; son luces, pero ¿cómo pueden ser luces si no brillan para otros?; son enviados al mundo, como lo fue Cristo, pero ¿para qué serán enviados si no es para orar? No sólo los cristianos han de ser bendecidos, sino que a través de ellos serán bendecidas todas las naciones de la tierra.

Que sus oraciones sean una en corazón y alma para rogar a Dios por su vecindario. Lleve los nombres de sus vecinos escritos en su pecho, lo mismo que en la antigua dispensación el sumo sacerdote llevaba en el pectoral los nombres de las tribus. Madres, presenten a sus hijos delante de Dios. Padres, lleven sus hijos e hijas. ¡Intercedamos por un mundo impío y por sus lugares tenebrosos llenos de moradas de crueldad! Clamemos en voz alta y no guardemos silencio, no demos al Señor tregua hasta que establezca su iglesia y la haga ser una alabanza en la tierra. ¡Despierten centinelas sobre los muros de Sion y renueven su clamor! La nube se cierne sobre usted, a usted le corresponde recibir el caudal sagrado de lluvia torrencial con oraciones fervorosas. Dios ha puesto en lo alto de las montañas de su promesa arroyos de amor. Depende de usted hacerlos descender por el canal divino de sus intensas súplicas. Seamos cristianos. Ensanchemos nuestras almas y mentes para sentir por otros. Lloremos con los que lloran y gocémonos con los que se gozan, como iglesia y en privado, y veremos que el Señor nos libra de la cautividad cuando oramos por nuestros amigos.

No importa en qué nivel de madurez espiritual nos encontremos, necesitamos recibir nuevas revelaciones, manifestaciones recientes, nuevas visitaciones de lo alto. Aunque es bueno dar gracias a Dios por el pasado y recordar con gozo sus visitas en los primeros días de creyente, le animo a buscar visitaciones especiales de su presencia. No pretendo subestimar la importancia de nuestro andar diario a la luz de su rostro, pero aunque el mar tenga dos mareas altas por día, también tiene mareas primaverales. El sol brilla lo veamos o no, incluso a través de la niebla invernal, pero resplandece esplendorosamente en verano. Si andamos constantemente con Dios, llegarán temporadas especiales en que Él nos revele los secretos de su corazón y se nos manifieste —no lo hace con el mundo ni tampoco lo hace siempre con sus favorecidos—. No todos los días hay banquete en un palacio, ni todos los días con Dios son tan claros y gloriosos como ciertos sábados especiales del alma en los que el Señor revela su gloria. Somos bienaventurados si hemos contemplado una vez su rostro, pero más bienaventurados aún si Él vuelve a nosotros en la plenitud de su favor.

9

Elementos esenciales de la oración

Jehová apareció a Salomón la segunda vez, como le había aparecido en Gabaón. Y le dijo Jehová: Yo he oído tu oración y tu ruego que has hecho en mi presencia. Yo he santificado esta casa que tú has edificado, para poner mi nombre en ella para siempre; y en ella estarán mis ojos y mi corazón todos los días —1 Reyes 9:2-3.

Para Salomón fue sumamente estimulante que el Señor se le apareciera antes de comenzar la gran obra de construcción del templo. Dice así en 1 Reyes 3:5: «Y se le apareció Jehová en Gabaón una noche en sueños, y le dijo Dios: "Pide lo que quieras que yo te dé"». Algunos recordamos cómo el Señor estaba con nosotros al comienzo de nuestra singladura en la fe. Comenzamos siendo jóvenes recién convertidos, llenos de celo y de fervor, resueltos a hacer algo para el Señor. ¡Cómo buscábamos su rostro! ¡Con qué sencillez, qué ternura de corazón, qué dependencia de Él y falta de confianza en nosotros mismos! Recordamos, como lo recuerda Él, el amor de aquellos primeros días. Nunca podré olvidar cuando el Señor se me apareció en mi Gabaón personal. Realmente hay cosas en nuestra vida cristiana que no habrían sido posibles si Dios no se nos hubiera aparecido al principio. Si Él no nos hubiera fortalecido y enseñado, si no nos hubiera dado más sabiduría de la que tenemos de manera natural, ¿dónde estaríamos? Si Él no nos hubiera inspirado, infundido su propia vida, no habríamos hecho lo que ya hemos hecho. Es una bendición incalculable comenzar con Dios y no colocar ni una piedra del templo de nuestro trabajo hasta que el Señor se nos haya aparecido.

No obstante, me pregunto si no es mayor bendición que el Señor se nos aparezca después de realizada cierta labor. Tomemos el ejemplo del texto: «Jehová apareció a Salomón la segunda vez, como le había aparecido en Gabaón». Salomón acababa de concluir la obra del templo y necesitaba otra visita de lo alto. Se siente gran gozo cuando se completa una obra, pero mucha gente experimenta un gran decaimiento emocional cuando un servicio absorbente deja de estirar la mente hasta el límite. Uno corre hacia arriba y llega a lo alto, y luego casi desearía tener que esforzarse otra vez cuando no hay reto por delante. Una obra como la de Salomón, que duró siete años, debió de ser una delicia para él, al comprobar cómo adelantaba el templo y las marcas de la belleza de cada fase de su construcción. Lo mismo ocurre con cualquiera obra especial y notable que somos llamados a hacer al principio de nuestra vida cristiana. Nos aferramos a ella y nos alegramos de verla progresar bajo nuestra mano, sin embargo, cuando acaba la parte correspondiente a nuestro servicio, nos sentimos un poco perdidos. Nos acostumbramos a que nos tiren de la collera —casi nos apoyamos en ella— y notamos la diferencia cuando llegamos a la cima. En vez de sentir alborozo por haber llevado a cabo un servicio cristiano provechoso, experimento cierto decaimiento de corazón cuando ha concluido el esfuerzo supremo. Vemos actuar este principio en la vida de varios grandes siervos de Dios. Lo noto particularmente en Elías después de haber llevado a cabo su proeza en el monte Carmelo y dado muerte a los profetas de Baal. Por un momento sintió gran regocijo en su espíritu, y corrió delante del carro del rey con gran alegría. Pero después reaccionó penosamente. El caso de Salomón no es paralelo. Sin embargo, creo que Salomón se hallaba en un estado de especial necesidad cuando acabó de construir el templo. Pudo correr peligro de caer en el orgullo, si no en la depresión. En cualquier caso, fue una época especial, y su necesidad debió de ser también notable: «Jehová apareció a Salomón la segunda vez, como le había aparecido en Gabaón».

No importa en qué nivel de madurez espiritual nos encontremos, necesitamos recibir nuevas revelaciones, manifestaciones recientes, nuevas visitaciones de lo alto. Aunque es bueno dar gracias a Dios por el pasado y recordar con gozo sus visitas en los primeros días de creyente, le animo a buscar visitaciones especiales de su presencia. No pretendo subestimar la importancia de nuestro andar diario a la luz de su rostro, pero aunque el mar tenga dos mareas altas por día, también tiene mareas primaverales. El sol brilla lo veamos o no, incluso a través de la niebla invernal, pero resplandece esplendorosamente en verano. Si andamos constantemente con Dios, llegarán temporadas especiales en que Él nos revele los secretos de su corazón y se nos manifieste —no lo hace con el mundo ni tampoco lo hace siempre con sus favorecidos—. No todos los días hay banquete en un palacio, ni todos los días con Dios son tan claros y gloriosos como ciertos sábados especiales del alma en los que el Señor revela su gloria. Somos bienaventurados si hemos contemplado una vez su rostro, pero más bienaventurados aún si Él vuelve a nosotros en la plenitud de su favor.

Le recomiendo que busque nuevas apariciones de Dios. Deberíamos rogarle con gran clamor que nos hablara por segunda vez. No es necesaria una reconversión, como algunos aseveran. Si el Señor nos ha mantenido firmes en su temor, ya poseemos lo que algunos denominan vida superior. Tenemos el privilegio de disfrutarla desde el primer momento de nuestra regeneración espiritual. No precisamos convertirnos de nuevo, pero sí que las ventanas del cielo se abran una y otra vez sobre nuestras cabezas. Necesitamos que el Espíritu Santo vuelva a sernos infundido como en Pentecostés, y renovemos nuestra juventud como águilas, para correr sin cansarnos y andar sin desmayar. ¡Que el Señor conceda a su pueblo la bendición que impartió a Salomón!: «Jehová apareció a Salomón la segunda vez, como le había aparecido en Gabaón».

Lo que el Señor dijo a Salomón al inicio de su entrevista tuvo que ver con la oración. Y lo mismo que el Señor contestó su oración y —en esta segunda aparición— le recordó los detalles de la misma, podemos estar seguros de que buena parte de esa oración es un modelo para nosotros. Haríamos bien en orar de la manera establecida por los intercesores exitosos. En este caso, seguiremos la descripción que hace el Señor de una oración aceptable.

El lugar adecuado para orar

«Y le dijo Jehová: «Yo he oído tu oración y tu ruego que has hecho en *mi presencia*». El lugar para orar es claramente delante del Señor. Pero debemos cuidar que el lugar esté santificado por una oración deliberada y reverentemente presentada delante de Dios.

No siempre se encuentra este lugar. El fariseo subió al templo a orar (Lucas 18:9), pero, obviamente, no oró «en la presencia de Dios». Aun en el atrio más sagrado el fariseo no halló el lugar deseado. Oró apoyado en su propia estima, pero su salida del templo sin ser justificado fue clara evidencia de que, o bien no había orado en absoluto, o no había orado en la presencia de Dios. No se está en la presencia de Dios por el mero hecho de entrar en una iglesia y sentarse en un banco, o por acudir a los santuarios más estimados por los fieles: a orar en la colina con forma de calavera, conocida como Calvario, o ascender al monte de los Olivos y doblar la rodilla en Getsemaní. Todo esto no lleva necesariamente a la presencia de Dios. Uno puede estar situado en el centro mismo de una reunión de oración y no estar en absoluto «delante de Dios». Orar en la presencia de Dios es una cuestión más espiritual que el simple orientarse hacia el este o hacia el oeste, o el arrodillarse, o entrar en un recinto sagrado cuyos muros llevan siglos levantados. Desgraciadamente, es bastante fácil orar sin estar delante de Dios. Y no es tan fácil —en realidad es algo que no se ha de hacer sin el poder del Espíritu Santo— entrar «hasta dentro del velo» (Heb 6:19), comparecer delante del trono de gracia de manera consciente y real, en la presencia del Invisible, para cumplir el precepto que reza: «Derramad delante de él vuestro corazón» (Sal 62:8). «Delante de él» es el lugar para derramar el alma: ¡bienaventurada toda aquella que lo halla!

Este bendito lugar «delante de Dios» *puede darse en la oración pública.* La oración de Salomón delante del Señor fue ofrecida en medio de una gran multitud. Los sacerdotes ocuparon sus lugares y los levitas guardaron el orden debido. El pueblo estaba reunido y los ejércitos de las tribus de Israel llenaban las calles de la santa ciudad cuando Salomón se arrodilló y clamó a Dios con todas sus fuerzas. Es evidente que Salomón no oró para agradar al pueblo o para impresionarle con su exquisitez retórica y su maravillosa elocuencia. Salomón fue inspirado para orar delante del Señor.

Los que guiamos a otros en pública oración deberíamos esforzarnos diligentemente para ser vistos por Dios en secreto cuando nos oyen los hombres. Estoy seguro de que oraríamos con mucho más poder y efectividad por otros —rodeados como por una nube, encerrados en el lugar secreto del Altísimo— que orando en voz alta, puestos en pie, en medio de la asamblea del pueblo de Dios. Lo mismo es verdad para todo cristiano. No está bien orar en una reunión tratando de impresionar a un individuo importante o teniendo en cuenta a los presentes cuyo respeto se intenta granjear. El trono de la gracia no es lugar para exhibir habilidades personales. Mayor mal es aún valerse de la oración pública para hacer comentarios acerca de otras personas. A menudo oigo insinuaciones intercaladas en la oración. Lamento tener que decir que he oído comentarios tan críticos y ofensivos acerca de otras personas que me han causado profunda tristeza. Tal proceder es del todo reprensible e irreverente. Ni siquiera debemos aprovechar las reuniones de oración para corregir errores doctrinales, enseñar verdades bíblicas, señalar yerros de ciertos hermanos o acusarles delante del Altísimo. Todos estos asuntos son dignos de suscitar súplicas, pero no motivo de una especie de predicación indirecta o reprimenda disfrazada. Es proceder propio del acusador de los hermanos convertir la oración en una oportunidad de descubrir faltas ajenas. Nuestra oración debe ser hecha «delante de Dios» para que sea plegaria aceptable. Si podemos cerrar los ojos, los recuerdos y los pensamientos de la presencia de todos —verdaderamente oramos en la presencia de Dios—, podremos hacerlo en público, ayudados por la gracia. Por eso es necesario decir: «Señor, abre mis labios, y publicará mi boca tu alabanza» (Sal 51:15).

La oración delante de Dios puede también *hacerse en privado* —quizá en mejores condiciones—, aunque me temo que la verdadera oración se frustra también ahí. Tal vez la siguiente escena le resulte familiar: orando, en privado, se sorprende repitiendo palabras espirituales mientras su corazón divaga. Muchos descubrimos que nuestras oraciones se han convertido en una cuestión de hábito, lo cual significa que decimos cosas tanto delante de las paredes de la habitación como delante de Dios. No nos percatamos de su presencia. No nos dirigimos a Él clara y directamente. Es posible que estemos observando la enseñanza del Salvador y hayamos cerrado la puerta de la oración privada, y aun así descubrir que hemos estado orando en nuestra propia presencia y que Dios ha estado lejos de la intimidad del alma. Es obra de mala calidad limitarse a hablar piadosamente a uno mismo. «Derramo mi alma dentro de mí», dice David (Sal 42:4). No se obtiene gran cosa derramando el alma dentro de uno mismo, orando para el propio corazón. Así no se vacía uno del yo ni se llena de Dios. Sólo agita lo que más valdría dejar como sedimentos en el fondo.

Mucho mejor es el curso prescrito en el sagrado precepto: «Derramad delante de él vuestro corazón» (Sal 62:8). Eleve sus oraciones, déjelas fluir delante de Dios y libre espacio en su corazón para algo mejor y más divino. El derramar el alma dentro de uno mismo no lleva a nada. No obstante, a eso se reduce este tipo de oración: a una recapitulación personal de deseos sin captación de la provisión divina, a un lamento de debilidad sin atisbo de fortaleza, a una conciencia de vacuidad sin zambullida en la plena suficiencia. Recordemos que el punto principal de la súplica no es orar en presencia de otros ni en nuestra propia presencia, sino presentar nuestras peticiones delante de Dios.

Resulta claro que esto significa que la oración debe dirigirse a Dios. Esto parece muy sencillo, pero a menudo lo olvidamos. Como un niño juguetón, sacamos el arco y las flechas y disparamos en cualquier dirección. La forma correcta de orar consiste en tomar el arco y las flechas y no disparar apresuradamente con todas las fuerzas. ¡Espere un poco! Tense la cuerda y coloque la flecha, pero espere. Espere hasta que haya puesto el ojo en el blanco, hasta que haya visto claramente el centro de la diana. ¿Por qué disparar si no tiene nada contra lo que apuntar? Espere, pues, hasta saber lo que va a hacer. Ponga la mira en el centro de la diana. Imite la amonestación que hace David: «De mañana me presentaré delante de ti, y esperaré» (Sal 5:3). Él preparó el arco, sacó la flecha y, apuntando deliberadamente al blanco, lanzó su proyectil. Captó el blanco con el ojo, de ahí que lo alcanzara con su flecha. ¡Quiera Dios que oremos con un objetivo bien definido!

La oración indefinida es una pérdida de tiempo. Empezar a orar sencillamente porque ha llegado el momento de hacerlo no sirve de nada. Debemos pensar: Estoy a punto de pedir a Dios lo que deseo. *Estoy a punto de hablar con el gran Rey de reyes de quien procede toda gracia. A Él debo dirigir mi oración. ¿Qué debo entonces pedirle?* ¿Hay alguna virtud en repetir palabras de un libro o pronunciar palabras por uno escogidas? Algunos parecen creer —porque repiten frecuentemente el

Padrenuestro— que hay un encanto mágico en la sagrada disposición de las palabras que contiene. Pero yo le digo solemnemente que es inútil: lo mismo da recitar esa oración perfecta del derecho o del revés, si su corazón no está en ella. Si su alma no mira a Dios, profana las palabras del Señor y es culpable de gran pecado por causa de su excelencia. La verdadera oración no evoca la necia cantinela de un hechicero. Ore claramente a su Dios con todas sus facultades. Hable con Él.

Es, pues, esencial que *nos esforcemos en ser conscientes de la presencia de Dios*. Podríamos decirlo del siguiente modo: usted ora bien si habla con Dios como un hombre habla con un amigo. Si está seguro de que Dios está ahí como lo está usted, y acaso más seguro aún, si permanece en Él, y Él en usted, y si habla con Él como con alguien a quien no puede ver, pero sí percibir mejor que con la vista, orará bien. Si habla con Él como con alguien a quien no puede sentir con su mano, pero sí con su naturaleza interior, sabiendo que le oye y que va a recompensar su diligente búsqueda, estará orando y rogando delante de un Dios vivo que siente y se conmueve con lo que usted mismo siente. Tendrá comunión con un Dios tierno que es sensible a todas las sensaciones de su alma. ¡Ojalá conociéramos lo que significa entrar en la presencia del Dios vivo que obra! No es un dios cojo e impotente, ni un dios muerto o impersonal, sino el Dios verdadero, ¡Dios en Cristo Jesús! Si supiéramos con quién conversamos —con un Dios muy cercano a nosotros, en la persona del Unigénito, que ha tomado nuestra naturaleza—, ¡qué oraciones podríamos hacer! Y esa es la forma de orar auténtica. Oh, que el Dios verdadero pueda —dirigiéndose a cada uno de nosotros— decirnos lo mismo que dijo a Salomón: «Yo he oído tu oración y tu ruego que has hecho en mi presencia». Señor, ayúdanos a pasar por los atrios exteriores y a entrar en el lugar santo para hablar contigo. Señor, líbranos de quedar encerrados en las palabras con que oramos. Entra Tú, más bien, en el espíritu de la oración.

¿Desea usted orar de verdad? No pregunte «¿qué debo decir?». Dígale lo que quiera. ¿Qué desea? ¿Ser salvo? Pídale que le salve. ¿Desea ser perdonado? Pídale perdón. Dice usted: «¿Qué palabras pronunciaré? No necesita palabras. Si no tiene palabras, mírele, mírele. Que su corazón recapacite en sus deseos. Hay música sin palabras y oración sin palabras. El alma de la oración consiste en estar delante de Dios y en desear en su presencia. Él oye sin que se emitan sonidos y entiende sin explicaciones. Abra su corazón, mírele, pídale que lea lo que usted no puede. Suplique a su gran misericordia que le dé, no conforme a la percepción de sus necesidades, sino conforme a las riquezas de su misericordia en Cristo Jesús. Orará delante de Dios cuando reconozca que está en su presencia. El Señor no necesita que se exprese en palabras. Él lee lo que está escrito en su corazón con un vistazo omnisciente. Orar delante de Dios, rogar en ese espíritu, es saber que Él conoce su corazón.

El gran objetivo de la oración

El gran deseo al orar debe ser recibir de Dios lo que Él dijo que había dado a Salomón: «Yo he oído tu oración y tu ruego que has hecho en mi presencia».

Suelo decir que los sabios de hoy —cuya principal característica es que piensan demasiado en sí mismos y muy poco en los demás— nos dicen que la oración es un ejercicio excelente, útil, bueno y consolador. Pero añaden que no debemos suponer que la oración produzca efecto alguno en Dios. Y les preguntamos: «¿Pueden acaso pedirnos que sigamos orando después de darnos esta información?». «Por supuesto —dicen—, es un ejercicio piadoso, adecuado y edificante. Sigan orando, pero no piensen que Dios les oye». Es obvio que nos toman por tontos. Es evidente que consideran que los hombres que oran son idiotas. Si la oración no produce efecto en Dios, bien puedo silbar por la mañana en vez de levantarme a orar, y por la noche podría cerrar los ojos y dormirme en vez de repetir una serie de palabras ineficaces. La oración no produce ningún beneficio si no sale de la habitación en la que es ofrecida. Cuando no sea aceptada por el Señor ni honrada por su respuesta deberíamos abandonarla. Si no hay escucha ni respuesta, habremos quedado reducidos al nivel de patéticos adoradores de Baal (1 Reyes 18). Pero no hemos llegado a ese punto todavía.

Lo que deseamos al orar es disfrutar una *audiencia con Dios*. Si el Señor no nos escucha, no conseguimos nada. ¡Y qué honor es tener una audiencia con Él! A la frágil, débil e indigna criatura se le permite estar en la augusta presencia del Dios de toda la tierra, y el Señor mira a esa pobre criatura como si no tuviera ninguna otra cosa en que fijarse, e inclina su oído y su corazón para escuchar su clamor. Es fundamental saber que estamos hablando con Dios, y que Él nos escucha.

Habrá observado que en los Salmos David habla muy poco de la respuesta de Dios. Pero siempre dice que Dios oye y le pide que le escuche. Que nos oiga es más que suficiente para un Dios como Él. Si logro poner mi petición en su mano, estaré plenamente satisfecho. Si puedo derramar mi deseo en su oído, me libraré de todo temor. Mi Padre celestial sabe que tengo necesidad de estas cosas, por lo que puedo descansar completamente tranquilo. Uno entra en su presencia porque ha obedecido su mandamiento, por tanto, su promesa es suya. La primera cosa necesaria es, pues, que Dios nos escuche.

Pero deseamos más. Deseamos *que Él nos acepte*. Sería penoso que a uno se le permitiera hablar con un gran amigo, y que luego éste le dijera: «Ya te he oído. Ahora vete». No queremos que Dios nos trate así. Nos acercamos amable y humildemente y le pedimos que acepte nuestras pobres confesiones, peticiones, súplicas y adoración. Si Él mira y sonríe, ¡qué gozo será! Aunque sólo diga una palabra al corazón que implique: «He aceptado tu oración». Presentarle una ofrenda que el Señor acepte: he ahí la dulzura y la delicia de la súplica.

Hay una tercera cosa deseable que Dios dio a Salomón, esto es, *una respuesta*. Salomón pidió al Señor que santificara la casa, y Él la santificó. Y aunque haya algunas cosas por las que siempre debemos orar recalcando «que no se haga mi voluntad, sino la tuya», no obstante, hay muchas cosas por las que se nos anima a orar con importunidad, resueltos a obtenerlas. Hay bendiciones espirituales y de pacto, claramente prometidas, evidentemente esenciales, que debemos pedir sin preguntar, recurriendo a una santa importunidad, rehusando dejar ir al Ángel a menos que nos bendiga. En cuestiones prometidas por Dios en su Palabra, podemos llamar una y otra vez a la puerta del cielo hasta que el Señor nos dé los panes que le solicitamos para nuestro amigo hambriento y desfalleciente (Lucas 11:8). Podemos pedirle más audacia o más confianza. Debemos creer que tenemos las peticiones que le hacemos. Debemos pedírselo con fe, sin dudar, de lo contrario no esperemos recibir nada del Señor.

Anhelamos que se nos escuche y se nos atienda. No podemos quedar satisfechos a menos que percibamos que la oración es eficaz en los atrios celestiales. Ese es nuestro verdadero objetivo cuando oramos.

La seguridad de que Dios responde la oración

¿Podemos tener la seguridad de que Dios ha escuchado y respondido nuestra oración? Salomón la tuvo. El Señor le dijo: «He oído tu oración y tu ruego que has hecho en mi presencia». ¿Nos dice esto alguna vez el Señor a nosotros? Creo que sí. Consideremos cómo lo hace.

Creo que Él lo dice a menudo por medio de una fe normal. Confío que muchos lectores se identificaran conmigo cuando digo que oramos constantemente por fe. Lo normal en mí es esperar que Dios me responda. Me acerco a Él con sencillez y le pido lo que quiero, y me sorprendería mucho no recibir lo que busco humildemente. Cuando lo recibo, lo estimo como cosa corriente y normal, ya que el Señor ha prometido responder la oración. Y sin duda, Él cumple sus promesas. Me refiero ahora a sus mercedes cotidianas, a las pruebas diarias y a los sucesos comunes de la vida. En todos estos asuntos Dios contesta, sin lugar a dudas, la oración, y la fe oye la voz de Dios que dice: «He oído tu oración y tu ruego que has hecho en mi presencia».

A veces se requiere *firme confianza*. Uno tiene necesidad de una bendición extraordinaria. Llega a un lugar, como llegó Jacob, en el que la oración común no basta. Cuando Esaú se acercaba a su encuentro con hombres armados, Jacob tuvo que orar toda la noche. Tuvo que armarse de valor en Jaboc, luchar con el Ángel y recibir la bendición divina (Gn 32). En tales ocasiones es preciso, por necesidad, esgrimir una fe más sólida para asegurar la bendición al alma. «Conforme a vuestra fe os sea hecho» (Mt 9:29). Si podemos confiar en Dios, tendremos la cosa que buscamos. La fe no consiste en decir: «Sé que lo tengo», cuando en realidad no es así. Eso sería engañarse a sí mismo. Alguno podrá decir: «Cree que estás santificado, y que eres santificado en un instante», pero no lo estás. Creer esa mentira puede hacerle menos puro de lo que era antes de creerlo y diez veces más orgulloso, por tanto, más expuesto a la influencia satánica. Creer que Dios me santificará —y que ya está haciéndolo— es muy distinto de creer que ya estoy santificado. Creo que Dios suplirá mis necesidades, pero no que tengo el banco de Inglaterra en el bolsillo. La fe no es fanatismo, sino creer la verdad. Hay una gran diferencia entre creer las propias imaginaciones y creer lo que Dios ha prometido claramente. La fe y la imaginación son dos cosas muy distintas. ¡Que Dios nos guarde de la falsedad de la insensatez y nos guíe a la verdad de la sabiduría! Creeré cualquier cosa, por increíble que parezca, si Dios me dice que la crea. No creeré nada, por apetecible que resulte, sólo porque parezca deseable a mi imaginación. La fe sólida suele ir acompañada de una fuerte convicción en el alma que nada puede conmover. Es una convicción firme y a la vez muy razonable, inspirada por el Espíritu de Dios que sólo da testimonio de la verdad, no de fantasías. Para la conciencia del hombre es como si oyera la voz de Dios decirle: «He oído tu oración y tu ruego que has hecho».

Esto llega a veces bajo la forma de una *tranquila persuasión.* ¿No ha finalizado nunca una oración por la mitad habiéndose dicho «he sido oído»? ¿No ha sentido nunca que no es necesario seguir pidiendo porque ya ha sido escuchado y debe empezar a alabar en vez de seguir orando? Cuando un hombre cobra un cheque en el banco, da paso luego a otras ocupaciones. A menudo estamos dispuestos a prolongar el tiempo de oración, si fuere necesario, pero sentimos que debemos abreviar la petición y alargar la acción de gracias. Nos levantamos persuadidos de que no hace falta seguir pidiendo porque Dios ya nos ha escuchado. Siempre es mejor servir a Dios realizando alguna tarea práctica y urgente que seguir orando cuando ya no es razonable, toda vez que uno ya ha sido escuchado. Y si Dios le ha concedido la bendición, ¿para qué seguir pidiéndosela? «Entonces Jehová dijo a Moisés: "¿Por qué clamas a mí? ¡Di a los hijos de Israel que marchen!» (Ex 14:15). Seguir adelante era mejor que orar porque la oración ya había producido su efecto. A veces uno tiene la cómoda seguridad de que su oración ha sido escuchada y prosigue su camino gozoso. Esta persuasión no es fanática ilusión ni exaltación mental, sino más bien obra del Espíritu Santo que nada ni nadie puede imitar y sólo el receptor puede entender.

El Señor también concede a su pueblo *una preparación manifiesta para recibir la bendición.* Les prepara para recibirla. Aumenta su expectativa para que empiecen a buscar la bendición y le den cabida. Dios no se propone llevarle a un pozo, facilitarle un cubo y una cuerda sin desear que lo llene, metiéndolo en el agua. Cuando la tierra sedienta abre sus fauces para beber el agua del cielo, siempre llega la lluvia. Cuando la espiga del trigo está lista para que el sol la seque, se aproxima el calor de la cosecha. Cuando un hombre de Dios busca de tal manera el viento del Espíritu que extiende las velas de la esperanza, seguro que soplará la brisa. Lo que impide la bendición es la falta de preparación. «Y no hizo allí muchos milagros, a causa de la incredulidad de ellos» (Mt 13:58). Pero cuando el Señor le prepara de manera evidente para recibir la bendición, ésta ya se halla en camino, y su sombra ya le cubre. Mientras dura la preparación, el Señor le dice virtualmente: «He escuchado tu ruego y tu oración que has hecho».

La *observación atenta* también cultiva en nosotros la firme confianza de que la oración está obteniendo éxito. A veces Dios nos da la seguridad de que ha escuchado nuestra oración haciéndonos mirar retrospectivamente para observar el ayer. ¡Cómo nos respondió en el pasado! Él no cambia; nos sigue escuchando. Debo decir aquí lo que sé que es verdad. A lo largo de mi vida he tenido el hábito de esperar en el Señor por muchas cosas, y especialmente por necesidades extraordinarias surgidas de las grandes instituciones que me han sido encomendadas. No detallaré los casos en que el Señor proveyó en respuesta a la oración, pero, honestamente, Él escuchó mis oraciones de una manera tan clara como si hubiera abierto los cielos y extendido su diestra llena de oro. El hecho de que Dios nos ha escuchado en el pasado habla en nuestro corazón y nos da plena seguridad de que volverá a escucharnos. La memoria acentúa la reconfortante voz del Señor que dice: «He escuchado tu oración; por tanto, confía en mí con todo tu corazón. ¿No he oído siempre tus oraciones? Amado mío, ¿cuándo te he rechazado? En la hora de infortunio, ¿no te libré? En los tiempos de necesidad, ¿no te proveí? He escuchado tu oración. Vé en paz y no llores más. No se turbe tu corazón. Todo está bien, porque Yo estoy en el trono de la gracia, y mi rostro, vuelto hacia ti».

El uso especial de la oración

Para Salomón, la oración tomó un curso en el que ahora me gustaría reparar. Uno entiende lo que significó su oración cuando constata cómo Dios le respondió. «He santificado esta casa que tú has edificado, para poner mi nombre en ella para siempre». Anoche, la feligresía de nuestra iglesia celebró su reunión anual [9 de febrero de 1887] con gran gozo y gratitud por la misericordia que Dios ha tenido para con nosotros. Acabo de cumplir aquí treinta y tres años de ministerio con una bendición ininterrumpida. Podemos afirmar que han transcurrido todos estos años sin división ni contienda entre nosotros, sin nada que no fuese las bendiciones perpetuas de nuestro Señor y Salvador. ¡Bendito sea su nombre!

Repetimos que nuestra oración es que el Señor mismo *santifique lo que hemos edificado*. Pedimos esto sin asomo de superstición. Cemento, ladrillos, hierros y piedras no significan nada para nosotros. Las cualidades de la santidad no se adhieren a las sustancias materiales sino a las almas, los corazones y los hechos. No obstante, pedimos a nuestro Señor que santifique a esta iglesia con su presencia más cada día. Si su presencia se aparta, nuestro amargo clamor será ¡Icabod! La gloria ciertamente se habrá apartado. Queremos que el Señor la santifique con su favorable estima, que cuando le adoremos acepte nuestra adoración y escuche nuestras súplicas y alabanzas. Queremos que la santifique obrando en nuestro medio muchas más conversiones. Fue para mí un momento muy gozoso ver salir al frente al inquiridor número diez mil, pero todo es obra de la misericordia de nuestro Dios. Nunca lograremos otro verdadero converso a menos que contemos con la presencia de Dios. ¡Oh Señor Jesús, te imploramos que mores con nosotros! En la partición del pan, en el sacramento del bautismo, en la proclamación del evangelio, y en todas las reuniones, te rogamos que santifiques a tu iglesia. Te lo pedimos desde lo más profundo de nuestro ser. Tú que has santificado nuestro servicio a ti en tiempos pasados, líbranos en el futuro del fracaso y la hambruna.

Queremos que santifiques nuestra iglesia «*poniendo en ella tu nombre para siempre*». «Para siempre». Mientras esté de pie —o haya necesidad de esta casa— que tu nombre esté en ella. Mi venerable predecesor, el Dr. Rippon, pidió al Señor que le enviara un sucesor de entre el rebaño de su pueblo después de su fallecimiento. En una carta suya —en la que me veo a mí mismo— leí que, como al resplandor de la lumbre, él veía a la persona que le sucedería y llevaría a cabo su obra. Creo que debo empezar a orar imitando su ejemplo, que en tanto en cuanto haya necesidad de una casa de Dios su nombre sea honrado en ésta, y que hombres fieles proclamen su salvación en el poder del Espíritu Santo. Que la casa se vea envuelta en llamas y capa partícula de ceniza sea esparcida por el viento antes que se predique desde este púlpito otro evangelio que no sea el verdadero.

Salomón también oró, y Dios le escuchó, que los *ojos del Señor estuvieran sobre aquella casa*. Ésta fue la oración de Salomón, y Dios la perfeccionó en gran manera, ya que dijo que *sus ojos y su corazón* estarían allí perpetuamente. Así pues, el Señor escucha nuestras oraciones mejor que en la forma que nosotros se las ofrecemos. Oramos para que su mirada esté sobre nosotros, y aun añada: «Así será, y estará allí también mi corazón». ¡Que los ojos del Señor estén sobre su iglesia para cuidarla y guardarla de todo mal! Pero que también su corazón esté con nosotros, llenándonos de su vida y su amor divinos, y permitiéndonos conocer su ser. ¡Oh, que el amor de Dios sea derramado sobre nuestros corazones por el Espíritu Santo! Que sepamos que Él siente afecto y delicia por nosotros. ¡Esto será para nosotros un gozo inefable!

La oración es el verdadero indicador del poder espiritual. Recortar la oración es una tendencia peligrosa y mortal. Un dicho fiel asegura que uno es realmente delante de Dios lo que es sobre sus rodillas. Lo que el fariseo y el publicano manifestaron al orar fue el verdadero criterio de su estado espiritual (Lucas 18:10-14). Se puede mantener una buena reputación ante los hombres, pero es poca cosa ser reo del juicio humano, porque los hombres sólo ven la superficie, mientras que los ojos del Señor escudriñan lo más profundo del corazón. Si Él ve que usted no ora, tendrá en poco su asistencia a reuniones religiosas o su jerga espiritual. Pero si persevera en la oración ferviente —si el espíritu de oración mora en usted, de modo que su corazón conversa habitualmente con Dios— va por buen camino. Si este no es el caso y sus oraciones son estorbadas, hay algo en su sistema espiritual que hay que desechar o alguna carencia que hay que suplir. «Sobre toda cosa guardada, guarda tu corazón; porque de él mana la vida» (Pr 4:23); y la oración ferviente es una de esas cosas.

10

Obstáculos que impiden orar

Que vuestras oraciones no tengan estorbo — 1 Pedro 3:7

Arrodillarse por mera formalidad o seguir una forma de devoción de una manera descuidada o poco entusiasta es mofarse de Dios, no adorarle. Sería espantoso considerar la vana repetición y las formas pusilánimes de oración con que fatigamos al Señor cada día. Por lo cual, recuerdo solemnemente a todo aquel que no ora verdaderamente que la ira de Dios está sobre él. El que nunca procura misericordia, ciertamente nunca la ha hallado. La conciencia reconoce que es justo que Dios no dé a los que no le piden. Lo menos que se puede esperar de nosotros es que pidamos humildemente los favores que necesitamos. Si rehusamos hacerlo, es justo que la puerta de la gracia permanezca cerrada en tanto nos neguemos a golpear su aldaba.

La oración no es una dura exigencia; es el deber natural de la criatura hacia su Creador, el homenaje más simple que la necesidad humana puede tributar a la liberalidad divina. Los que rehúsan hacerlo bien pueden esperar que cuando lleguen tiempos de dificultad extrema comiencen a lamentar su necedad y escuchen la voz del Dios a quien han insultado decirles: «Por cuanto llamé, y no quisisteis oír, extendí mi mano, y no hubo quien atendiese...también yo me reiré en vuestra calamidad, y me burlaré cuando os viniere lo que teméis» (Pr 1:24, 26). Si un pecador a quien se ha prometido perdón no invoca el nombre de Jesús, si no dobla su rodilla en arrepentimiento y pide perdón a Dios, nadie se sorprenderá de que perezca por su propia falta de juicio. Nadie podrá acusar al Señor de excesiva severidad cuando eche fuera para siempre a todas las almas que no oran. Tiemblo por aquel que nunca ora.

Para los que oran, la oración es lo más precioso que hay, porque es el canal por el que se reciben bendiciones incalculables, y la ventana por la que un sinfín de necesidades son suplidas por un Dios misericordioso. Para los creyentes, la oración es el gran medio para enriquecer el alma, la vasija que negocia con el cielo y regresa del país celestial cargado de tesoros mucho más valiosos que los que haya jamás transportado un galeón español procedente de la tierra del oro. A decir verdad, para los verdaderos creyentes la oración es tan valiosa que el apóstol Pedro exhorta a los esposos a conducirse con mucha prudencia en sus relaciones matrimoniales y asuntos domésticos, para evitar que sus oraciones sean estorbadas. Exhorta al marido a vivir con su esposa «sabiamente», dándole honor, para que sus oraciones conjuntas no tengan estorbo. Todo lo que obstaculiza la oración es malo. Si hay algún motivo familiar que perjudique la eficacia de la oración, es preciso hacer cambios urgentes. Los esposos deben de orar juntamente como coherederos de la gracia, y todo comportamiento, disposición o hábito que obstaculice este empeño es maldad.

El texto es muy adecuado para estimular a los cristianos a ser diligentes en la oración familiar, y aunque no recurra a él aquí, no es porque lo infravalore. Estimo tanto la oración familiar que el lenguaje que utilizo no puede expresar adecuadamente mi valoración. La casa donde no se ora en familia difícilmente puede esperar la bendición divina. Si el Señor no cubre nuestra habitación con sus alas, nuestra familia será como una casa sin tejado. Si no buscamos la dirección del Señor, nuestro hogar será como un barco sin piloto. Y a menos que nos guardemos con la devoción, nuestra familia será como un campo sin vallado. La inquietante conducta de muchos hijos de padres cristianos es principalmente debida al abandono o a la frialdad del culto familiar. Y no dudo que más de un juicio ha caído sobre muchos hogares porque no se ha honrado debidamente al Señor. El pecado de Elí todavía evoca la visita de un Dios celoso (1 S 2:34). La palabra de Jeremías va severamente dirigida contra las familias que no oran: «Derrama tu enojo...sobre las naciones que no invocan tu nombre» (Jer 10:25). Su misericordia visita todos los hogares en los que se ora por la mañana y por la noche, pero donde se descuida esta costumbre se transgrede.

Se dice que en los buenos tiempos puritanos, caminando por algunas calles, a ciertas horas de la mañana o de la tarde, se oía cantar salmos en las casas, ya que no había hogar cristiano profesante que no celebrara su oración familiar. Creo que el baluarte de la Reforma fue el culto familiar. Sin esto, Inglaterra quedaría otra vez expuesta a la teoría de que la oración es más aceptable en la iglesia parroquial, con lo que incurriría en la sacralidad de los lugares. Y sin el sacerdocio del padre de familia (que debe ser el sacerdote del hogar) se da cabida al sacerdocio supersticioso. Los niños que prácticamente no ven a sus padres orar en casa mostrarán indiferencia hacia la religión y en muchos casos rechazarán por completo el cristianismo. Este es un asunto acerca del que la iglesia no puede hacer una investigación inquisitorial. Debe dejarse al buen criterio y al espíritu cristiano de los padres de familia, por eso repito, más enfáticamente si cabe, que hay que ordenar la vida del hogar para que la oración familiar no se vea estorbada.

No obstante, en este lugar usaré el texto con otro propósito, para aplicarlo a los impedimentos que obstruyen la oración privada. Así pues, puede haber impedimentos *para* orar, impedimentos *en* la oración e impedimentos que frenan *la eficacia de la oración que se ofrece a Dios.*

Impedimentos para orar

La oración puede ser estorbada *cayendo en un estado general de descuido por lo que respecta a las cosas de Dios.* Cuando un hombre se vuelve espiritualmente frío, indiferente y descuidado, una de las primeras cosas que se resienten es su vida de oración. La oración es el verdadero indicador del poder espiritual. Recortar la oración es una tendencia peligrosa y mortal. Un dicho fiel asegura que uno es realmente delante de Dios lo que es sobre sus rodillas. Lo que el fariseo y el publicano manifestaron al orar fue el verdadero criterio de su estado espiritual (Lucas 18:10-14). Se puede mantener una buena reputación ante los hombres, pero es poca cosa ser reo del juicio humano, porque los hombres sólo ven la superficie, mientras que los ojos del Señor escudriñan lo más profundo del corazón. Si Él ve que usted no ora, tendrá en poco su asistencia a reuniones religiosas o su jerga espiritual. Pero si persevera en la oración ferviente —si el espíritu de oración mora en usted, de modo que su corazón conversa habitualmente con Dios— va por buen camino. Si este no es el caso y sus oraciones son estorbadas, hay algo en su sistema espiritual que hay que desechar o alguna carencia que hay que suplir. «Sobre toda cosa guardada, guarda tu corazón; porque de él mana la vida» (Pr 4:23); y la oración ferviente es una de esas cosas.

Las oraciones pueden ser obstaculizadas por *tener demasiado que hacer*. En estos tiempos es bastante común. Podemos tener demasiadas ocupaciones. Los días tranquilos de nuestros resignados antepasados pasaron a la historia. Y los hombres no se conforman con ganar sólo lo necesario para ellos y sus familias. Tienen que tener mucho más de lo que pueden disfrutar ellos mismos o usar provechosamente para otros. «Lo suficiente es tan bueno como un banquete», reza el antiguo proverbio, pero actualmente ni lo suficiente ni el banquete bastan para satisfacer a los hombres. Muchos que podrían haber prestado un gran servicio a la iglesia de Dios se hicieron inútiles porque se desviaron por una nueva ruta empresarial que les ocupaba todo su tiempo libre. En vez de sentir la convicción de que su principal preocupación debería ser «¿cómo puedo glorificar mejor a Dios?», su meta absorbente es «estirar los brazos como el mar para abarcar toda la costa».

Miles, centenares de miles, e incluso millones de dólares no pueden silenciar la codiciosa sanguijuela que los hombres se han tragado y que no cesa de reclamar: «Dame, dame». Muchos añaden casa a casa y campo a campo, como si hubiesen de habitar para siempre en la tierra. ¡Ay de los creyentes que se contagian de la misma fiebre! El rico de la parábola no tenía tiempo para orar; estaba muy ocupado proyectando nuevos graneros para almacenar sus bienes, pero tuvo que encontrar tiempo para morir cuando el Señor le dijo: «Necio, esta noche vienen a pedirte tu alma; y lo que has provisto, ¿de quién será? (Lc 12:20). Cuidado con «ambicionar cosas materiales», con el deseo de riquezas, con la codicia insaciable que arrastra a los hombres a caer en la trampa del diablo. Porque aunque no le causara ningún otro daño, le provocaría estrago suficiente si a raíz de ello sus oraciones fueran estorbadas.

Puede que, incluso, tengamos demasiado que hacer en la casa de Dios, y de este modo se vea obstaculizada la oración, como Marta, que andaba en exceso atareada (Lc 10:40). Nunca he tenido noticia de nadie que estuviera sobrecargado con demasiada oración. Cuanto más hagamos en esta vida, tanto más debiéramos orar. La oración debería contrapesar nuestro servicio, o más bien debería ser el alma de cada acto y saturar toda nuestra vida como el rocío del cielo empapó el vellón de Gedeón. No se puede trabajar demasiado si se ora de forma proporcional, pero me temo que algunos rendirían mucho más si intentaran hacer menos y oraran más. Sospecho que algunos permiten que las actividades religiosas comunitarias anulen su comunión privada con Dios. Asisten a demasiados sermones, demasiadas conferencias, lecturas bíblicas, comités, e incluso a demasiadas reuniones de oración —cosas todas ellas buenas en sí mismas, pero perjudiciales si ponen trabas a la oración privada—. Una amiga me confió en cierta ocasión que aunque los apóstoles predicaran cuando ella está sumida en un tiempo de comunión privada con Dios, no abandonaría su habitáculo de oración para ir a escucharles. Debe ser mejor estar con Dios que con Pedro o con Pablo. La oración es el objeto de la predicación, y ¡ay de aquel hombre que aprecia más los medios que el fin y permite que cualquier otra forma de servicio arrincone su oración!

No cabe duda que la oración también es estorbada *si se tiene demasiado poco que hacer*. Si uno quiere una cosa bien hecha debe acudir a quien tiene mucho que hacer, porque ésta será la persona idónea. La gente que no tiene nada que hacer, por lo general arma mucho revuelo. De la mañana a la noche malgastan el tiempo de los demás. Como no tienen nada que hacer, los emplea Satanás para obstaculizar y perjudicar a otros. Si tales personas oraran alguna vez, estoy seguro de que su indolencia les supondría un gran obstáculo. El hombre que enseña en los suburbios pobres descubre que debe pedir ayuda para domesticar a jóvenes salvajes. La joven rodeada de doce chicas que anhela conducir al Salvador siente la necesidad imperiosa de suplicar que sus doncellas se conviertan a Dios. El ministro cuyas manos están cargadas de faena santa y cuyos ojos se fatigan de sagrados desvelos halla que no puede seguir adelante sin acercarse a su Dios. Si estos siervos de Jesús tuvieran menos que hacer, orarían menos, pero la santa industria es la cuna de la devoción.

Dije que podíamos hacer demasiadas cosas, pero no debo descompensar esta verdad sin agregar que una proporción muy grande de cristianos hace demasiado poco. Dios les ha dado recursos suficientes como para poder retirarse de los negocios. Tienen tiempo en sus manos, pero buscan maneras de gastarlo sin preocuparse de que el ignorante necesita instrucción, el enfermo ser visitado y el pobre ser ayudado. ¿No deben los cristianos dedicar su abundante tiempo libre al servicio de Dios? Ojalá que todos pudiéramos decir con uno de sus santos: «La oración es mi negocio y la alabanza mi placer». Pero estoy seguro de que no lo dirán hasta que el celo de la casa del Señor les consuma del todo.

Las oraciones de algunas personas se ven estorbadas *por su falta de orden*. Se levantan demasiado tarde, corren todo el día en pos de obligaciones que nunca terminan, y siempre andan agitados con múltiples tareas, como pisándose los talones unas a otras. No tienen tiempos señalados de comunión con Dios, y como siempre ocurre algo, la oración es olvidada, o pasada por alto, o se hace tan apresuradamente que sirve de poco. Me gustaría que usted registrase un diario de su vida de oración la semana que viene para saber, de todas las horas del día, cuánto tiempo pasa con Dios. Se dedica mucho tiempo a la mesa —¿cuánto al trono de la gracia?—. Muchas horas se pasan con la gente —¿cuántas con nuestro Hacedor?—. Se pasa mucho tiempo con los amigos de la tierra —¿cuánto con el Amigo del cielo?—. Se concede a sí mismo tiempos de recreo —¿cuánto tiempo dedica a los ejercicios que verdaderamente recrean el alma?—. Hay que cumplir con otras obligaciones, pero la oración no se debe descuidar. Debe ocupar su propio espacio y espacio suficiente. Debemos ser cautelosos para que nuestras «oraciones no sufran impedimento», para que no las omitamos ni las acortemos.

Impedimentos en la oración

Aquí podría repasar lo mismo que dijimos antes y remarcar que las oraciones de algunos son estorbadas por negligencia, las de otros por tener demasiado —o demasiado poco— que hacer, y las de otros por el estado de agitación que resulta de su falta de orden. Pero no voy a repetirme cuando hay tanto que decir acerca del compromiso con una tarea santa.

Señalemos que la oración de algunos se ve obstaculizada por *escoger tiempo y lugar inadecuados*. Hay veces en que se reciben cartas, llaman clientes, las personas necesitan ser atendidas, los trabajadores esperan instrucciones, y sería una insensatez tratar de orar en esas situaciones. Si usted es un empleado, no puede presentar a Dios las horas que debe a su patrón; honrará mejor al Señor si es diligente en su cometido. Hay momentos en que nos reclaman las necesidades del hogar y nuestra legítima vocación. Éstas ya pertenecen al Señor; úsense para su propio fin. Nunca profane una obligación con la sangre de otra. Dé a Dios y a la oración los tiempos adecuados en los que espera razonablemente estar a solas. Por supuesto, debe mantenerse en un espíritu de oración todo el día, pero ahora me refiero a los tiempos especialmente dedicados a la oración. Le aconsejo que escoja un tiempo y lugar en los que esté libre de interrupciones. Un muchacho piadoso que no tenía lugar donde orar en su casa, se fue al establo y escaló al henil. Al cabo de poco alguien subió y le interrumpió, de manera que a la siguiente vez se cuidó de retirar la escalera tras él. Sería realmente bueno retirar completamente la escalera para que ni el diablo ni el mundo puedan invadir nuestra sagrada privacidad. «Mas tú, cuando ores, entra en tu aposento, y cerrada la puerta, ora a tu Padre que está en secreto; y tu Padre que ve en lo secreto te recompensará en público» (Mt 6:6). Escoja pues, el mejor tiempo y lugar, para que sus oraciones no sean estorbadas.

Los afanes mundanos y las preocupaciones son obstáculos frecuentes, muy perjudiciales, que frustran la oración. El cristiano debe ser el hombre más cuidadoso del mundo, y sin embargo, el más despreocupado. Debe guardarse de pecar, pero, por lo que respecta a otros asuntos, debería observar el consejo: «Echando toda vuestra ansiedad sobre él, porque él tiene cuidado de vosotros» (1 P 5:7). Recibirlo todo de manos de Dios y confiarlo todo en sus manos es una feliz manera de vivir que ayuda mucho a orar. ¿Acaso no le habló el Maestro de los pájaros y de los lirios? Su Padre celestial los alimenta y los viste, ¿y no le vestirá a usted? «Buscad el reino de Dios, y todas estas cosas os serán añadidas» (Lc 12:31). La fe otorga paz y la paz, libertad al alma para orar. Pero cuando se cuela la preocupación, la mente se confunde y el corazón se aparta de la súplica. Un corazón cargado de preocupaciones es como un hombre que intenta nadar vestido con mucha ropa. Más de un marinero se despojó de su vestimenta porque creyó que podía hundirse si no se desprendía de ella. Yo quisiera que muchos se despojaran de sus excesivos compromisos mundanos, ya que soportan tanta carga de preocupación que a duras penas pueden mantener la cabeza fuera del agua. ¡Que Dios nos ayude a admitir más gracia y menos preocupaciones, a orar más y acaparar menos, a especular menos e interceder más! De otro modo, la oración se verá tristemente impedida.

Los placeres terrenales, especialmente los de naturaleza cuestionable, son los peores impedimentos. Algunos cristianos se entregan a pasatiempos que estoy seguro que no concuerdan con la oración. Se asemejan a las moscas que se posan sobre la miel hasta que ésta se les pega en alas y patas y ya no pueden volar. ¿Cómo puede uno volver a casa después de haber merodeado por suburbios de frivolidad y de pecado y atreverse a mirar el rostro de Jesús? ¿Cómo se puede transitar por los caminos del mundo y mantener la comunión con Dios? No es posible revolcarse en el cieno y después acercarse ataviado con prendas limpias al trono de la gracia. ¿Cómo puede uno acercarse al trono de Dios con peticiones cuando acaba de deshonrar el nombre del Altísimo? Cristiano, apártese de todo aquello cuya rectitud o conveniencia sea dudosa, porque todo lo que no proviene de la fe es pecado y estorbará sus oraciones.

Las oraciones pueden también ser impedidas por la *tristeza del mundo*. Algunos dan lugar a tal grado de tristeza que ni siquiera tienen fuerzas para orar. Las lágrimas de la tristeza mojan la pólvora de la oración, de suerte que el cristiano no puede elevar como debiera sus deseos al cielo. La tristeza que impide que el hombre ore es abierta rebelión contra la voluntad de Dios. Nuestro Señor se sintió «muy triste, hasta la muerte» (Mt 26:38), por tanto, oró. No es malo estar triste, pero cuando la tristeza es legítima, moverá a la oración, no apartará de ella. Cuando se sufre la pérdida de un ser querido, o cuando la pérdida de algo precioso obstaculiza la oración, creo que deberíamos exhortarnos a nosotros mismos: «Ahora he de orar, porque no es bueno que no vaya a mi Padre para ser consolado» (Me compadezco profundamente de los que están sumidos en la tristeza, pero no excuso su desconsuelo.) «La tristeza del mundo produce muerte» (2 Co 7:10), y no conviene a los hijos de Dios. Con toda su pena, inclinado en el polvo de la aflicción, imite a su Señor y Maestro y exclame: «Pero no sea como yo quiero, sino como tú» (Mt 26:39). Entonces sus oraciones cobrarán impulso y no serán estorbadas.

Hay casos en los que la oración es muy estorbada por causa de la *ira o el mal genio*. No se puede hablar con enojo a los obreros y a la familia, o participar en una gran disputa, o en pequeñas discusiones y luego orar con poder. Yo no puedo adelantar en la oración si siento ira en mi corazón, ni creo que usted pueda. Levántese y vaya a arreglar el asunto antes de intentar hablar con Dios, porque la oración de los hombres enfadados hace enfadar a Dios. No se puede luchar con el Ángel del Pacto mientras se está bajo la influencia del maligno. El Señor nos dio un buen consejo: «Deja allí tu ofrenda delante del altar... reconcíliate primero con tu hermano» (Mt 5:24). Si no hacemos esto, el sacrificio no puede ser aceptado, ni tampoco acierto a entender cómo puede atreverse alguno a ofrecerlo. Las ofensas llegan más tarde o más temprano, pero bienaventurados son los primeros que buscan reconciliación. Mas ¡ay!, algunos no lo hacen y persisten en la inquina hasta que ésta se pudre e impregna toda su naturaleza con hediondez. Con certeza, no pueden esperar que sus oraciones alcancen el destino deseado mientras sus enemistades insepultas contaminan sus almas. Esfuércese todo lo que pueda para no pecar cuando esté enfadado. Es posible, porque está escrito: «Airaos, pero no pequéis» (Ef 4:26). Un hombre que no se enoja difícilmente será un hombre, ¿porque cómo puede amar la virtud quien no se enoja contra el pecado? Es bueno airarse contra la injusticia, pero cuando la ira se vuelca contra una persona degenera en deseos malvados, es pecaminosa y apaga el fuego de la oración. No podemos pedir perdón a no ser que perdonemos las ofensas que otros nos infligen.

Las oraciones pueden ser estorbadas —terriblemente— de tres maneras: deshonrando al Padre (a quien oramos), o al Hijo (a través de quien oramos), o *al* Espíritu Santo (*por* quien oramos).

Podemos deshonrar al Padre con una vida inconsecuente. Si los hijos de Dios no obedecen la voluntad de su Padre, no es extraño que tengan dificultades para orar. Subirá algo a la garganta que sofocará su plegaria. No se puede derramar el corazón aceptablemente a menos que se crea en el Padre celestial. Si alguien tiene ideas falsas de Dios, mantiene un corazón frío hacia Él, no reverencia su nombre como debiera, no cree que su corazón paternal y dadivoso desea bendecirle... la falta de amor, de fe y de reverencia estrangulará sus oraciones. Cuando un hombre es uno con el excelso Padre, cuando

«Abba, Padre», es el espíritu que mueve su alma, cuando conversa con Dios como con uno en quien tiene puesta toda su confianza, a cuya voluntad se somete plenamente, y cuya gloria es la delicia de su alma, ese hombre está en buena disposición de orar y obtendrá lo que desea de Dios. Pero si no es así, sus oraciones adolecerán penosamente.

Del mismo modo, si no mantenemos una buena relación con *Jesús*, por medio de quien oramos, si somos en alguna medida farisaicos, si nos deleitamos en el yo y nos olvidamos del Amado, si nos imaginamos que podemos arreglárnoslas sin el Salvador y oramos como fariseos complacientes, nuestras oraciones se verán obstruidas. Si no somos como el Salvador, si no hacemos de Él nuestro ejemplo, si no tenemos su espíritu amoroso, y sobre todo, si le crucificamos de nuevo exponiéndole a pública vergüenza y le mostramos ingratitud por las mercedes ya recibidas, nuestras oraciones se verán estorbadas. No puede suplicar ante el tribunal de justicia quien se ha enemistado con su Abogado defensor. Si su oración no es recogida por el gran Intercesor, no es por Él ofrecida en su favor, no podrá practicar este sagrado ejercicio.

Ocupémonos de nuevo del *Espíritu Santo.* Dios no acepta nunca una oración que antes el Espíritu no haya escrito en nuestro corazón. La verdadera oración no es tanto nuestra intercesión como el Espíritu de Dios intercediendo en nosotros. Si entristecemos al Espíritu, no nos ayudará a orar. Si nos aventuramos a orar por algo contrario a la naturaleza santa, misericordiosa y amorosa del Espíritu, no podemos esperar que Él nos ayude yendo en contra de la mente de Dios. Cuídese de disgustar en modo alguno al Espíritu de Dios, especialmente cerrando sus oídos a sus gentiles advertencias, llamados amorosos, fervientes ruegos y tiernas amonestaciones. Si usted hace oídos sordos al divino Consolador, Él no le hablará. No le ayudará a orar si no se somete a Él en otros asuntos.

Impedimentos que frenan la eficacia de la oración

El Señor escuchará la oración de cualquier hombre que le pida misericordia por mediación del Señor Jesús. Nunca menosprecia el clamor del contrito. Es un Dios dispuesto a escuchar a todos los que buscan reconciliación, pero por lo que concierne a otros asuntos, la verdad es que Dios no escucha a los pecadores. Un hombre atiende a las peticiones de su hijo, pero no a las de un extraño; escucha a sus amigos, pero no a sus enemigos. No está bien que la llave dorada que abre los cofres del cielo esté al alcance de un rebelde. Más aún, Dios no escucha a todos sus hijos por igual, o en todo momento. No todo creyente es poderoso en oración. Lea el Salmo noventa y nueve y hallará palabras como estás: «Moisés y Aarón entre sus sacerdotes, y Samuel entre los que invocaron su nombre; invocaban a Jehová, y él les respondía...guardaban sus testimonios, y el estatuto que les había dado» (vv. 6-7). Él *les* respondía porque Moisés, Aarón, y Samuel guardaban sus testimonios. Cuando los hijos de Dios descubren que sus oraciones no tienen éxito, deberían investigar y averiguar las causas por las que sus oraciones están siendo impedidas.

En primer lugar, el creyente tiene que vivir *en santidad* para que sus oraciones sean muy eficaces delante de Dios. «La oración eficaz del justo puede mucho» (Stg 5:16). Ser *justo* es, pues, crucial. Escuche a nuestro Salvador: «Si permanecéis en mí, y mis palabras permanecen en vosotros, pedid todo lo que queréis, y os será hecho» (Jn 15:7). Pero hay un si condicional. Si usted no cumple la voluntad de Cristo, Él no cumplirá sus deseos. Esto no tiene nada que ver con la ley; es la norma evangélica de la familia de Cristo: la obediencia tiene por recompensa poder en la oración. Lo mismo pasa con los hijos. Los padres tienen maneras de disciplinar a los hijos obstinados y recompensar a los obedientes. No tienen prisa en conceder las peticiones de un hijo testarudo; es más, le negarán su petición; pero el hijo amable y gentil no tiene más que pedir para recibir. Es una disciplina correcta la que Dios nos aplica. Él no rechaza a sus hijos por causa del pecado ni reniega enteramente de ellos, sino que los disciplina en amor. Y una de sus disciplinas consiste en descartar sus oraciones. Si comparamos la oración con el lanzamiento de una flecha, uno debe tener las manos limpias, de lo contrario no podrá disparar, porque el arco se niega a doblarse en las manos contaminadas de pecado del no arrepentido. «*A los justos* les será dado lo que desean» (Pr 10:24), pero no a los malvados. Lávese antes en la fuente de la gracia expiatoria para que el Espíritu Santo limpie su corazón, de lo contrario, no tendrá éxito en la oración. Si alguien me contase que conoce a un hombre cuyas oraciones fueron escrupulosamente respondidas y después me comentase que este individuo vivía en grave pecado, no le creería. Es imposible que Dios condescienda con un profesor de religión culpable respondiendo a su oración. El ciego a quien Jesús sanó declaró verazmente: «Si alguno...hace su voluntad...a ese oye» (Jn 9:31).

Además de obediencia ha de haber *fe.* «Es necesario que el que se acerca a Dios crea que le hay, y que es galardonador de los que le buscan» (Heb 11:6). «Pero pida con fe, no dudando nada; porque el que duda es semejante a la onda del mar, que es arrastrada por el viento y echada de una parte a otra. No piense, pues, quien tal haga, que recibirá cosa alguna del Señor» (Stg 1:6-7). La fe obtiene promesas, la incredulidad se marcha con las manos vacías. Puede que el Señor conceda una bendición al que duda, lo cual sobrepasa la promesa, pero el que duda no tiene derecho a esperarla. La oración eficaz para con Dios es la del que cree que Dios le va a escuchar y por lo tanto pide con confianza. En resumen, la fe es el *arco* de la oración. Hay que sujetar el arco con fuerza para poder disparar, y cuanto más fuerza se aplique, más lejos llegará la flecha y más eficaz será. Sin fe es imposible agradar a Dios ni en la oración ni en ninguna otra cosa. La fe es el espinazo, el nervio y el músculo de la intercesión.

En tercer lugar, tiene que haber *deseos santos*, de lo contrario la oración fracasará. Y esos deseos deberán estar basados en una promesa. Si usted no descubre que Dios ha prometido una bendición no tiene derecho a pedirla ni razón para esperarla. Deberá presentar las mismísimas promesas de Dios ante su trono de misericordia y obtendrá lo que necesita, pero sólo de este modo. Observe, pues, que la fe es el arco, y el vivo deseo contra la cuerda, la flecha que se ha de lanzar hacia arriba. Ninguna flecha se puede disparar contra el cielo sino la que bajó del cielo. Los cristianos toman sus flechas de la aljaba divina, y cuando las disparan lo hacen con estas palabras en sus labios: «Acuérdate de la palabra dada a tu siervo, en la cual me has hecho esperar» (Sal 119:49). De manera que la oración exitosa es el deseo de un corazón santo, ratificado por la promesa. Las verdaderas oraciones son como las palomas mensajeras que encuentran fácilmente su destino; no pueden fallar porque vinieron del cielo y no hacen más que volver a casa.

Para que la oración prospere debe de haber *fervor e importunidad.* Está escrito: «La oración *eficaz* del justo puede mucho», no la del que no le importa si recibe o no respuesta. Tiene que haber fervor, intensidad, derramamiento de corazón delante de Dios. Hay que colocar la flecha en la cuerda y tirar del arco con todas las fuerzas. El mejor arco no sirve de nada hasta que se tira de él; si se tira del arco de la fe y se dispara al blanco del cielo, se obtendrá lo que se desea. Pero hay que *estar decidido a tenerlo*, con una sola restricción: «que se haga la voluntad del Señor». Y alcanzará su objetivo.

El centro de la diana es el *deseo de la gloria de Dios*; si no apuntamos a él, la flecha se echará a perder. Tenemos que desear fervientemente lo que pedimos porque creemos que lo que se nos conceda glorificará a Dios. Si vivimos para Dios en santidad, nuestras oraciones se corresponderán con sus propósitos, y ninguna de ellas caerá a tierra. «Deléitate asimismo en Jehová, y él te concederá las peticiones de tu corazón» (Sal 37:4).

También hemos de tener una *expectativa santa* para no obstaculizar la oración. El hombre que dispara la flecha debe mirar hacia donde la dirige. Debemos dirigir nuestras oraciones hacia Dios y mirar hacia arriba. Viendo al Señor Jesús en todas las cosas, procuraremos el éxito por los méritos del Redentor. «Y si sabemos que él nos oye...sabemos que tenemos las peticiones que le hayamos hecho» (1 Jn 5:15).

La oración insolente o presuntuosa dispara con el arco de la autoconfianza —no buscando la gloria de Dios, sino la gratificación del yo—, y por tanto, falla. Algunos piensan que pueden pedir a Dios lo que les plazca y están seguros de que lo van a recibir. Pero yo les haría tres preguntas: la primera, «¿quién es usted?»; la segunda, «¿qué va a pedir?»; y la tercera, «¿qué derecho tiene a esperarlo?». Estas preguntas deben ser claramente respondidas, de lo contrario la oración puede ser un insulto a Dios. Ojalá que algunos cristianos que oran por cosas materiales actuaran con un poco más de cuidado. Cuando se meten en apuros y berenjenales económicos por causa del lujo o el derroche, ¿cómo pueden esperar que Dios les saque del atolladero? Oren sin falta, pero «no debáis a nadie nada» (Ro 13:8). Es preciso orar por el pan cotidiano, pero no se deben mencionar especulaciones que tanto pueden acarrear ruina como fortuna. Si se va a dedicar al juego, será mejor que deje de orar. Puede orar por transacciones honestas, pero no mezcle al Señor con su economía.

Me ruegan que ore por un joven que ha perdido su casa por causa de una malversación, para que pueda conseguir otro lugar donde vivir, pero en vez de hacerlo le sugiero que él mismo ore para Dios le ayude a ser honesto. Otro que está fuertemente endeudado quiere que ore por él para que alguien le ayude, pero yo le sugiero que permita a sus acreedores recuperar lo que puedan mientras aún le queda algo. No pediré a mi Dios lo que no estoy dispuesto a pedir al hombre. El acercamiento al trono de gracia es adentrarse en terreno sagrado, y no se debe tomar a la ligera ni poner al servicio del pecado. «Pedís, y no recibís, porque pedís mal, para gastar en vuestros deleites» (Stg 4:3). Si andamos en contra del Señor, Él andará en contra nuestra. A todo cristiano sumido en dificultades le aconsejo que salga del laberinto en el que se ha metido por la senda derecha y que actúe como es debido. Si ello le ocasiona problemas, sopórtelos varonilmente, acuda después a Dios y dígale: «Señor, por tu gracia he escogido la senda clara y derecha; ahora te ruego que me ayudes», y Él le ayudará.

Que Dios nos conceda gracia para andar con Él en el poder de su Espíritu Santo, descansando solo en Jesús. Que nos haga a todos nosotros poderosos en la oración. El hombre al que Dios enseña a orar con poder piensa como Él, es su mano moviéndose entre los hijos de los hombres. Cuando el hombre actúa, Dios actúa con él. No obstante, debe mantenerse atento y vigilante porque el Señor es un Dios celoso, y más celoso de lo que más ama. Que Dios le conceda el andar con Él en humildad para vivir cerca de Él y para que sus oraciones no tengan estorbo.

Supongo que es verdad que muchos de nosotros tenemos múltiples preocupaciones. Si usted es como yo, una vez que está afanoso, impaciente y temeroso, no le es posible contar sus preocupaciones, aunque pudiera contar los pelos de su cabeza. Los afanes se multiplican para los que están llenos de preocupaciones. Cuando crea que carga con más de las que puede sobrellevar, puede estar seguro que descubrirá otra remesa de afanes que crecen en torno suyo. El hábito de la ansiedad, si se tolera, llega a dominar la vida entera, de suerte que no vale la pena vivir con tantas preocupaciones. Los afanes y las preocupaciones son múltiples; sean, por tanto, sus oraciones múltiples. Convierta todo afán en oración. Que sus preocupaciones sean la materia prima de sus oraciones. Tal como el alquimista confiaba en convertir la escoria en oro, usted cuenta realmente con el poder de convertir lo que en lo natural sólo es un afán en un tesoro espiritual en forma de oración. Bautice toda ansiedad en el nombre del Padre, del Hijo y del Espíritu Santo, y conviértala en bendición.

11

La oración, cura de la preocupación

> *Por nada estéis afanosos, sino sean conocidas vuestras peticiones delante de Dios en toda oración y ruego, con acción de gracias. Y la paz de Dios, que sobrepasa todo entendimiento, guardará vuestros corazones y vuestros pensamientos en Cristo Jesús.* —Filipenses 4:6-7

Dios nos ha dado la facultad de prevenir. Pero como ocurre con las demás facultades, se pervierte y se suele abusar de ella. Aunque es bueno para el hombre conducirse con santa prudencia y prestar atención a todos los aspectos de su vida, es muy fácil convertir ésta en una preocupación impía e intentar arrebatar de la mano de Dios el oficio providencial que única y exclusivamente a Él le pertenece. ¡Cuán a menudo Martin Lutero gustaba hablar de los pájaros y de la manera en que Dios los cuida! Cuando se veía asediado por problemas y ansiedades envidiaba a los pájaros por la vida libre y despreocupada que llevan. Hablaba del doctor Gorrión, del doctor Tordo, y de otros que solían acercarse a hablar con él a contarle muchas cosas buenas. La verdad es que Dios cuida de los pájaros del campo y que éstos viven mucho mejor que los que cuida el hombre. Una pequeña londinense salió al campo y dijo a su madre: «¡Mira, ese pobre pajarillo no tiene jaula!». Pero la verdad es que el ave no se perdía nada. Del mismo modo, si usted y yo estuviésemos sin jaula, caja de semillas y recipiente de agua, no sería una gran pérdida con tal que fuéramos echados a la bendita deriva de la gloriosa libertad de una vida de humilde dependencia en Dios. La jaula de la confianza carnal y la caja de semillas que siempre estamos intentando rellenar es lo que crea preocupación en esta vida terrenal. El que ha recibido la gracia de extender sus alas y remontarse a las alturas y volar hacia el espacio abierto de la confianza en Dios, puede cantar todo el día.

He aquí, pues, la enseñanza del texto: «Por nada estéis afanosos». La palabra *afanosos* equivale a *llenos de afán*. Quiere decir que no debemos estar ansiosos, siempre pensando en las necesidades de esta vida mortal. Léalo de nuevo. Ojalá que Dios nos pueda enseñar cómo evitar este mal prohibido y vivir con un descuido santo que es la belleza misma de la vida cristiana. Si echamos toda nuestra ansiedad sobre Él, podremos regocijarnos en su cuidado providencial por nosotros.

«Imposible —dicen algunos—, no puedo dejar de preocuparme.» Las palabras de Pablo le ayudarán a hacer lo imposible. Consideremos primeramente el *recambio para la preocupación*. No nos preocupemos por nada, sino oremos por todo. El sustituto idóneo de la preocupación es «la oración y la súplica». En segundo lugar, note *el carácter especial de esta oración*: es sustituto de la ansiedad: «Por nada estéis afanosos, sino sean conocidas vuestras peticiones delante de Dios». Y luego veamos *el dulce efecto de esta oración*: «Y la paz de Dios, que sobrepasa todo entendimiento, guardará vuestros corazones y vuestros pensamientos en Cristo Jesús».

El recambio para las preocupaciones

Supongo que es verdad que muchos de nosotros tenemos múltiples preocupaciones. Si usted es como yo, una vez que está afanoso, impaciente y temeroso, no le es posible contar sus preocupaciones, aunque pudiera contar los pelos de su cabeza. Los afanes se multiplican para los que están llenos de preocupaciones. Cuando crea que carga con más de las que puede sobrellevar, puede estar seguro que descubrirá otra remesa de afanes que crecen en torno suyo. El hábito de la ansiedad, si se tolera, llega a dominar la vida entera, de suerte que no vale la pena vivir con tantas preocupaciones. Los afanes y las preocupaciones son múltiples; sean, por tanto, sus oraciones múltiples. Convierta todo afán en oración. Que sus preocupaciones sean la materia prima de sus oraciones. Tal como el alquimista confiaba en convertir la escoria en oro, usted cuenta realmente con el poder de convertir lo que en lo natural sólo es un afán en un tesoro espiritual en forma de oración. Bautice toda ansiedad en el nombre del Padre, del Hijo y del Espíritu Santo, y conviértala en bendición.

¿Persigue usted algún afán? Cuídese no sea que llegue a dominarle. ¿Desea obtener un beneficio económico? Debe mantenerse vigilante para no perder más de lo que gana con sus ganancias. No se preocupe tanto de su ganancia como de convertirla en oración. No desee tener lo que no se atreve a pedirle a Dios. Mida sus deseos con la norma espiritual y se mantendrá al margen de toda especie de codicia. Las preocupaciones llegan a muchos a consecuencia de sus pérdidas; la gente pierde lo que ha ganado. Tenga presente que en este mundo se tiende a perder. Las mareas bajas suceden a las altas y los inviernos marchitan las flores del verano. No se sorprenda si sufre pérdidas como les ocurre a otros, sino ore cuando las sufra. Acuda a Dios con sus pérdidas, y en vez de inquietarse, haga de ellas una ocasión para esperar en el Señor. Diga a Dios en oración: «Jehová dio, y Jehová quitó; sea el nombre de Jehová bendito. Líbrame de quejarme o de insinuar que eres injusto no importa lo que Tú permitas que pierda».

Quizá usted alegue que su afán no tiene que ver con las ganancias o las pérdidas, sino con el pan de cada día. Tome en serio la promesa que conviene a esta preocupación. El Señor ha dicho: «Habitarás en la tierra, y te apacentarás de la verdad» (Sal 37:3). El Señor le anima tiernamente recordándole que Él viste a la hierba del campo, y ¿acaso no le vestirá a usted, criatura de poca fe? El Señor Jesús le insta a considerar los pájaros del cielo, que ni siembran ni guardan en graneros, y sin embargo, su Padre celestial los alimenta (Mt 6:25-33). Acuda, pues, a su Dios con todos sus afanes. Si tiene una familia numerosa, escasos ingresos, dificultades para llegar a fin de mes y lo pasa mal para proveer honestamente a los suyos ante los ojos de los demás, tiene muchas excusas para llamar a las puertas del cielo, y muchas más razones para merodear ante el trono de la gracia. Transforme tales excusas y razones en provecho suyo. Sea audaz para invocar a Dios cuando le apremien las necesidades. En vez de caer en la ansiedad y la preocupación, convierta su afán en un motivo más para orar.

«Bueno —dirá alguno—, ¡estoy confundido! Me encuentro en una situación en la que no sé qué hacer». Con toda seguridad tiene que orar cuando no sabe si tiene que virar hacia la derecha o hacia la izquierda, o seguir todo recto, o volver atrás. En efecto, si se está inmerso en una espesa niebla y no se acierta a ver la luz, es una buena ocasión para orar. La carretera se despejará repentinamente. Yo he constatado a menudo esta verdad en mi vida; confieso que cuando he confiado en mí mismo, todo me ha salido mal. Pero cuando he confiado en Dios, Él me ha conducido por el camino recto, de lo cual no me cabe ninguna duda. Creo que los hijos de Dios suelen tropezar más en las cosas pequeñas que en las cuestiones más difíciles. Cuando los gabaonitas llegaron a Israel con calzado gastado y pan enmohecido, declararon que acababan de sacar el pan del horno justo antes de emprender su largo viaje. Los hijos de Israel pensaron que aquello estaba claro: «Estos hombres son extranjeros, proceden de un país lejano, por lo que bien podemos hacer con ellos un pacto». Los israelitas estaban seguros de que la evidencia que tenían delante de sus ojos probaba que aquellos hombres no eran cananeos, por lo que no consultaron a Dios. Tal avenencia representó en lo sucesivo un constante problema para el pueblo de Dios. Si en todas las cosas acudiéramos a Dios en oración no cometeríamos errores, ni en las cosas muy intrincadas ni en las simples, porque tanto en unas como en otras seríamos guiados por el Altísimo.

Quizá usted diga: «Es que pienso en el futuro». ¿De verdad? Y yo le pregunto ¿qué tiene usted que ver con el futuro? ¿Conoce acaso lo que le deparará el mañana? Le preocupa qué será de usted en la vejez, pero ¿está seguro de que llegará a viejo? Conozco a una cristiana que se preocupaba por su entierro. A mí este asunto nunca me preocupó, y hay muchos otros asuntos que no tienen por qué preocuparnos. Siempre se puede encontrar un palo para castigar un perro, y si busca un afán con que castigar su alma, siempre podrá encontrarlo; pero ésta es una ocupación lamentable para cualquiera. En vez de eso, convierta todo lo que sea susceptible de preocupación en motivo de oración. No tardará mucho en convertirse en una santa costumbre. Tache la palabra *preocupación* y escriba en su lugar la palabra oración. Entonces, aunque sus afanes sean múltiples, múltiples serán también sus oraciones.

Note ahora que *una preocupación indebida es una intrusión en la competencia de Dios.* Equivale a erigirse en padre de familia en vez de aceptar ser hijo. En amo en vez de siervo bajo el techo de aquél. Si en vez de hacer eso convierte su afán en oración, no habrá intrusión, porque podrá ir a Dios en oración sin ser acusado de presunción. Dios le invita a orar. Le ordena por medio de su siervo: «Sean conocidas vuestras peticiones delante de Dios en toda oración y ruego, con acción de gracias».

Además, l*as preocupaciones no sirven de nada, y nos causan grave perjuicio.* Aunque usted se preocupe todo lo que quiera, no podrá añadir ni un centímetro a su estatura. Lo dice el Salvador al cuestionarnos que si la preocupación no ayuda en las cosas pequeñas, ¿cómo va a ayudar en los grandes asuntos de la providencia? No puede hacer nada. Un campesino, viendo su campo exclamó: «¡No sé qué va a ser de nosotros! El trigo se echará a perder si sigue lloviendo. No recogeremos cosecha a menos que mejore el tiempo». E iba y venía de acá para allá retorciéndose las manos, malhumorado, afligiendo a toda su familia. Pero no pudo hacer que brillara un solo rayo de sol con toda su preocupación, ni pudo disipar una sola nube con su mal humor, ni pudo detener una sola gota de agua con sus quejas.

¿Por qué permitir que la preocupación siga royendo su corazón cuando no puede conseguir nada con ella? Además, debilita la fuerza que tenemos para ayudarnos a nosotros mismos, y especialmente, la capacidad de glorificar a Dios. Un corazón lleno de afán impide ver con claridad. Es como un telescopio sobre cuyas lentes uno exhala el aliento caliente de su ansiedad, y cuando trata de mirar a su través dice que no puede ver nada más que nubes. Por supuesto, no puede ni podrá ver nada mientras exhale sobre él. Si mantuviéramos la calma, la tranquilidad y el autodominio haríamos lo correcto. Deberíamos, como solemos decir, «tener las cosas claras», o permanecer serenos en tiempos de dificultad. El hombre que cuenta con la presencia de Dios puede aspirar a tener presencia de ánimo. Si olvidamos orar, no es extraño que andemos preocupados y hagamos lo primero que se nos ocurre —que suele ser lo peor—, en vez de esperar hasta averiguar lo que hay que hacer, y después, confiando y creyendo, hacerlo en la presencia de Dios. La preocupación es perniciosa. Pero si se transforma en oración, todas y cada una de ellas resultarán beneficiosas.

La oración es un material excelente para fabricar el tejido espiritual. Nos edifica espiritualmente. Crecemos en gracia por medio de la oración. Y si nos acercamos a Dios en todo momento con peticiones, creceremos en la vida cristiana. Una vez le dije a una persona: «Ore por mí; estoy pasando por un momento de necesidad». Ella me contestó: «No he hecho otra cosa desde que me desperté». He hecho la misma petición a varias personas y me han respondido que estaban orando por mí. Me alegré mucho, no ya por ser beneficiario de sus oraciones, sino por ellos mismos, porque así crecían espiritualmente. Los pajaritos para aprender a volar baten las alas. Sus músculos se fortalecen, con lo que no tardan en abandonar el nido. Lo mismo sucede con el que intenta orar: los gemidos, los suspiros, el clamor de un espíritu que ora es en sí mismo una bendición. Rompa, pues, con el hábito dañino de la preocupación y cultive el hábito enriquecedor de la oración. Obtendrá doble ganancia evitando una pérdida y consiguiendo lo que realmente beneficia a usted y a otros.

Las preocupaciones son también consecuencia de olvidar que Cristo está cerca. Fíjese cómo fluye el contexto: Filipenses 4:5 acaba diciendo «el Señor está cerca». Nuestro texto amonesta: «Por nada estéis afanosos». El Señor Jesús ha prometido regresar, y puede volver en cualquier momento. Por eso Pablo dice: «El Señor está cerca. Por nada estéis afanosos, sino sean conocidas vuestras peticiones delante de Dios en toda oración y ruego, con acción de gracias». ¡Ojalá pisáramos la tierra como si sólo fuéramos una sombra y viviéramos como los que están prestos a abandonar esta pobre vida transitoria! Si no estuviéramos tan aferrados a las cosas terrenales, no nos afanaríamos ni preocuparíamos ni inquietaríamos, sino que oraríamos, porque así nos asiríamos a lo real, lo sustancial, y plantaríamos los pies sobre lo invisible —¡que es, al fin y al cabo, lo eterno!—. Que el texto caiga en nuestro corazón como cae un guijarro en un lago de montaña y que forme ondas de consuelo sobre la superficie misma del alma.

El carácter especial de esta oración

Primeramente, es *una oración relacionada con todas las cosas.* «Sean conocidas vuestras peticiones delante de Dios». Puede orar por la cosa más pequeña y por la más grande. Puede pedir el Espíritu Santo y también un par de botas. Puede acudir a Dios para pedirle el pan que come, el agua que bebe, la ropa que viste y todas las demás cosas. No establezca límites a la provisión y los cuidados de Dios. Ojalá viviéramos en Dios con todo nuestro ser, porque no es posible dividirlo. Nuestro cuerpo, alma y espíritu son uno, y aunque tengamos necesidades propias de nuestra condición corporal, debemos llevarlas todas ellas delante de Dios en oración. Descubrirá que el gran Dios le escucha tocante a estos asuntos. No piense nunca que las necesidades cotidianas son demasiado pequeñas para que Él se ocupe de ellas; todo es pequeño comparado con Él. Cuando pienso en lo grande que es Dios me parece que este pobre y pequeño mundo nuestro no es más que un insignificante grano de arena en la playa del universo que no es digno de ninguna atención. Pero si Dios se digna a considerar este mundo, también puede inclinarse un poquito más y tenernos en cuenta. Y efectivamente, nos tiene en cuenta porque dice: «Aun los cabellos de vuestra cabeza están todos contados» (Lc 12:7). Así pues, en todas las cosas sean conocidas sus peticiones delante de Dios.

La clase de plegaria que nos salva de la preocupación es *la oración insistente*: «Sean conocidas vuestras peticiones...con toda oración y ruego». Si el Señor no le responde la primera vez, muéstrese agradecido por tener una buena razón para volver a orar. Si no le contesta la segunda vez, crea que le ama tanto que le gustaría volver a oír su voz. Si le hace esperar siete veces, dígase a sí mismo: «Ahora sé que adoro al Dios de Elías, porque Él dejó volver a su siervo siete veces antes de concederle la bendición». Considere todo un honor el que se le permita luchar con el Ángel. Esta es la manera en que Dios forja a sus príncipes. Jacob nunca habría sido Israel si hubiera obtenido la bendición del Ángel la primera vez que se la pidió. Jacob tuvo que seguir luchando hasta vencer, y se convirtió en príncipe de Dios. La oración que persevera es la que mata la preocupación.

Después está *la oración inteligente*: «Sean conocidas vuestras peticiones delante de Dios». Si usted se presenta delante de Dios y se limita a repetir cierta fórmula, sólo serán palabras huecas. ¿Qué interés tiene Dios en esa clase de rezo? «Sean conocidas vuestras peticiones delante de Dios en oración», eso es orar de verdad. Dios sabe cuáles son sus peticiones, pero debe pedírselas como si Él no las conociera. Tiene que darle a conocer sus peticiones —no porque Él no las conozca, sino porque tal vez usted no las conoce—, y dándoselas a conocer las discernirá más claramente. Si usted ora inteligentemente, sabiendo lo que solicita y por qué, tal vez se detenga y se diga a sí mismo: «No, después de todo, creo que no debo pedir eso». A veces, cuando uno sigue orando por algo que Dios no le concede, puede ser que llegue poco a poco a convencerse de que no va por la senda que debiera. El resultado de su oración le hará bien y será una bendición para usted.

Pero debe orar y dar a conocer sus peticiones a Dios. En lenguaje llano esto significa *decir lo que quiere*, ya que esto es orar de verdad. Procure estar con Él a solas y dígale lo que quiera, derrame su corazón delante de Él. No piense que es necesario usar un lenguaje religioso rebuscado. Ore por lo que quiera usando las mismas palabras que usaría para contar a su madre o a su mejor amigo lo que necesita. Vaya a Dios de esta manera, porque esa es la verdadera oración que alejará sus preocupaciones.

La clase de oración que libra de la preocupación es *la comunión con Dios*. Si no ha hablado con Dios, no habrá orado en absoluto. Se cuenta de un niño pequeño que echó una carta por las rejas de una alcantarilla y, por supuesto, nunca recibió respuesta. Si la carta no se echa en el buzón de correos no es de extrañar que nunca llegue a su destinatario. Análogamente, la oración es comunicación real con Dios. «Es necesario que el que se acerca a Dios crea que le hay, y que es galardonador de los que le buscan» (Heb 11:6), de lo contrario no podrá orar. Dios debe ser una realidad para usted, una realidad viva. Tiene que creer que Él escucha la oración, y además, tiene que conversar con Él y creer que le va a conceder la petición que le ha hecho, y la tendrá. Él nunca ha dejado de honrar la oración de fe. Podrá hacerle esperar por un tiempo, pero un retraso no es una negativa. Él suele responder con oro la oración que le pide plata. Podrá haberle negado tesoros terrenales, pero le ha concedido riquezas celestiales diez mil veces más valiosas, y el suplicante ha quedado más que satisfecho con esa transacción. «Sean conocidas vuestras peticiones delante de Dios». Sé lo que usted hace cuando está en un aprieto: corre hacia su amigo y él no siempre está dispuesto a oír sus problemas. Pero si acude a su Dios, Él nunca le dará la espalda. Nunca le dirá que se presenta con demasiada frecuencia. Por el contrario, puede que le reprenda por no acudir a Él a menudo.

Queda una última palabra que decir como observación sobre este punto: «*Sean conocidas vuestras peticiones delante de Dios en toda oración y ruego, con acción de gracias*». ¿Qué significa esto? Significa que la clase de oración que mata la preocupación es la oración que pide *con alegría, gozo y agradecimiento.* «Señor, soy pobre; te bendigo por mi pobreza; y a continuación, Señor, ¿puedes cubrir todas mis necesidades? Esta es la manera de orar. «Señor, estoy enfermo; te bendigo por esta aflicción, porque estoy seguro que acarreará algo bueno para mí. Te ruego ahora que me sanes; te lo suplico». «Señor, me encuentro en un gran aprieto, pero te alabo por esta dificultad porque sé que contiene una bendición aunque esté envuelta en papel negro. Señor, ayúdame a superar este problema». Esta es la clase de oración que mata la preocupación —«la súplica con acción de gracias»—. Mezcle estos dos ingredientes, amáselos y obtendrá una bendita cura para la preocupación. Que el Señor nos enseñe a practicar este arte sagrado.

El dulce efecto de esta oración

«Y la paz de Dios, que sobrepasa todo entendimiento, guardará vuestros corazones y vuestros pensamientos en Cristo Jesús». Si puede orar de esta manera —en vez de consentir la maligna ansiedad— una *paz inusitada* se instalará en su mente y su corazón. Digo inusitada porque es «la paz de Dios». ¿Qué es la paz de Dios? Es la serenidad imperturbable del Dios infinitamente feliz, la eterna tranquilidad del Dios absolutamente satisfecho. Esto dominará su mente y su corazón. Pablo lo describe de este modo: «La paz de Dios, que sobrepasa todo entendimiento». Otras personas no entenderán cómo es que usted está tan tranquilo y lleno de paz. Es más, usted tampoco podrá explicárselo, ya que sobrepasa todo entendimiento, y ciertamente, excede toda explicación. Y lo más maravilloso es que ni usted mismo lo entenderá.

Será una paz insondable e inmensurable. Cuando uno de los mártires estaba a punto de ser quemado por causa de Cristo, dijo al juez que daba la orden de encender la pira: «¿Puedo pedirle que ponga su mano sobre mi corazón?». El juez asintió. «¿Palpita bruscamente? —interrogó el mártir— ¿Percibe algún signo de temor?». «No», dijo el juez. «Ahora ponga su mano sobre su pecho y compruebe que su corazón está más agitado que el mío». O piense en aquel hombre de Dios que la mañana en que debía ser arrojado a la hoguera estaba tan profundamente dormido que tuvieron que sacudirle para despertarle. Tenía que levantarse para ser quemado, y aun sabiéndolo, tenía tanta confianza en Dios que durmió plácidamente. Esta es «la paz de Dios que sobrepasa todo entendimiento». Durante las persecuciones de Diocleciano, cuando los mártires cristianos salían al anfiteatro para ser despedazados por las bestias, o les obligaban a sentarse en sillas de hierro al rojo vivo, o les untaban con miel para ser aguijoneados por enjambres de avispas y abejas hasta que morían, nunca retrocedían. Piense en aquel valiente tumbado en una parrilla para ser asado que dijo a sus torturadores: «Cuando me haya tostado de un lado pónganme del otro». ¿De dónde provenía esa paz en tales circunstancias? Era «la paz de Dios, que sobrepasa todo entendimiento». Después de una gran tormenta, el Maestro, puesto en pie en la proa de la embarcación, mandó al viento: «Calla, enmudece, y siguió una gran calma» (Mr 4:39). ¿Ha sentido usted alguna vez esta calma? La sentirá cuando aprenda el arte sagrado de presentar a Dios todas sus peticiones, y la paz de Dios que sobrepasa todo entendimiento guardará su mente y su corazón en Cristo Jesús.

Esta paz bendita es una *paz guardiana* que guarda nuestra mente y corazón. La palabra griega implica que es una guarnición. ¿No es extraño que se use un término militar para describir una paz que protege la mente y el corazón? —Extraña pero hermosa figura—. Aunque parezca debilidad, la paz es la esencia de la fortaleza, y aunque guarda y protege, también nos sustenta y cubre todas nuestras necesidades.

Es también *una paz que nos une a Jesús*. «Y la paz de Dios, que sobrepasa todo entendimiento, guardará vuestros corazones y vuestros pensamientos en Cristo Jesús», es decir, sus afectos y sus pensamientos, sus deseos y su intelecto, su corazón para que no tema, su mente para que no se vea asaltada por ninguna clase de perplejidad, estarán en Cristo Jesús, y por lo tanto, será muy dulce y muy preciosa para nosotros.

El bendito hábito de acudir a Dios en oración y echar sobre Él todas nuestras cuitas y preocupaciones nos ayuda a vivir gozosamente en esta vida. Si usted tiene un Dios vivo, y tiene verdadera comunión con Él, es decir, si mora constante, habitualmente, al cobijo de la sombra de las alas del Omnipotente, entonces disfrutará de una paz que despertará la admiración de otros, y aun hará que usted mismo se maraville de «la paz de Dios, que sobrepasa todo entendimiento». Que Dios se la conceda por el amor de Jesucristo.

El Señor no acepta los sonsonetes de los funcionarios ni las letanías de los sacerdotes ni los tonos solemnes que emite el órgano, sino sólo las oraciones de los santos. La dulzura radica en la vida, el carácter y el alma del creyente. No hay aceptación a no ser que las oraciones sean ofrecidas por los santos. ¿Y quiénes son los santos? Los que el Señor ha santificado por el poder de su Espíritu, cuya naturaleza Él ha purificado; los que han sido lavados en la preciosa sangre de Jesús y santificados para sí; los que han sido llenos de su Espíritu y apartados para adorarle. Ellos le aman, le alaban, se arrodillan ante Él con temor reverente, le presentan sus almas en amor y adoración. Sus pensamientos, deseos, anhelos, confesiones, súplicas y alabanzas son dulces para Dios. Todo esto es música para Él, perfume para su corazón, delicia para su mente infinita, y agradable para su sagrado espíritu, porque «Dios es Espíritu; y los que le adoran, en espíritu y en verdad es necesario que adoren» (Jn 4:24). De ninguna otra manera puede ser adorado un Dios que es espíritu.

12

Redomas de oro llenas de aroma

Copas de oro llenas de incienso, que son las oraciones de los santos —Apocalipsis 5:8.

La visión del quinto capítulo de Apocalipsis es notabilísima. No pretendemos entrar en todos los detalles. Sin duda, es una visión que remite a una ocasión especial, pero, al mismo tiempo, podemos considerar que describe la adoración normal que se ofrece ante el trono de Dios y del Cordero. En algunos museos europeos se exhiben pinturas medievales que representan la asamblea del gran consejo del antiguo imperio germánico, con el emperador rodeado de reyes, príncipes, electores, duques y condes. Por detrás aparecen los caballeros del Toisón de Oro con obispos y cardenales, barones, caballeros y burgueses de distinto rango componiendo un hermoso espectáculo de pompa y boato. Puede que descubramos la ocasión concreta que conmemora el cuadro, pero incluso sin hacer esa indagación, la pintura resulta instructiva. Sabemos que representa la Dieta (o asamblea legislativa) según sería recordada en tiempos futuros. Del mismo modo, en la gran asamblea del cielo, el esbozo que hace el vidente de Patmos puede aludir exactamente a un suceso concreto, pero nos basta con saber que representa, en general, el homenaje que se rinde ante el trono del Eterno.

Considerando la brillante escena que tenemos delante, note atentamente que la adoración descrita no se limita a los ocupantes de los atrios celestiales inmediatos. A partir del versículo trece se nos instruye que la escena representa la adoración de todo el universo al Cordero: «Y todo lo creado que está en el cielo, y sobre la tierra, y debajo de la tierra, y en el mar, y a todas las cosas que en ellos hay, oí decir: Al que está sentado en el trono, y al Cordero, sea la alabanza, la honra, la gloria y el poder, por los siglos de los siglos». Los ángeles alrededor del trono dirigen los cánticos, los santos hechos perfectos se unen a los extasiados aleluyas y los millones de millones de ángeles se suman al coro celestial. Mientras tanto, desde toda la esfera celeste surge música de adoración y en todo el firmamento repican las campanas. La lejana tierra oye el sonido jubiloso y toda vida que hay en ella despierta para participar en la armonía universal: las aves del cielo, los peces del mar, los canoros pájaros del bosque y los monstruos de las profundidades marinas rinden con todo fervor tributo de gratitud y alabanza. Y no sólo resuena la alabanza a Jehová en el círculo más íntimo, sino que en ámbitos cada vez más amplios abarca todo el espacio y llena la inmensidad. Y no sólo el cielo, sino la creación entera alaban al Señor.

Pasemos por fe al círculo interior, acerquémonos al trono y vislumbremos las copas de oro llenas de fragancia. Lo que se ha vertido del griego original como copas de oro designa vasijas anchas y huecas. Una mejor traducción podría ser *tazones o cuencos de oro llenos de aroma o de incienso, que son las oraciones de los santos*. La idea que se transmite es que cada uno de los veinticuatro ancianos sostiene un tazón o incensario lleno de incienso humeante que desprende un suave perfume delante del Señor, símbolo de las súplicas del pueblo de Dios.

Dejemos la figura, y extraigamos los siguientes pensamientos del texto. *Las oraciones de su pueblo son para Dios tan agradables como el incienso.* Y además, *las oraciones conjuntas son particularmente aceptables a sus ojos.* Por tanto, unamos nuestras súplicas a la oración general.

Las oraciones de los creyentes son tan suaves como el incienso

El que la oración agrade a Dios no es debido a ninguna excelencia o mérito natural que los creyentes posean en sí mismos y por sí mismos. Nada más lejos de la realidad. La mejor oración del hombre más santo que haya vivido contendría bastante imperfección y pecado contaminante si el Señor la hubiera considerado por sí misma. Cuando nos acercamos al trono de la gracia todavía nos falta mucho para estar donde deberíamos estar y ser lo que deberíamos de ser. Los pecados que cometemos en relación con las cosas santas son suficientes para condenarnos. A menudo nos presentamos ante Dios sin reunir las condiciones para orar y echamos a perder la ofrenda desde el principio por falta de preparación del corazón. Otras veces, en medio de la devoción, remontamos el vuelo en alas del fervor, pero el orgullo se entromete y nos felicita por la excelencia de nuestra adoración. ¡Ay!, una pizca de ese espíritu farisaico arruina todo aquel fervor. Otras veces, justo cuando estamos acabando de orar, nos asaltan sospechas acerca de la fidelidad de Dios, dudas respecto al éxito que obtendrán nuestros ruegos, o cualquier otro pensamiento profano o impío que contamina el sacrificio. ¡Qué difícil es comenzar, continuar y concluir la oración en el Espíritu! No, las oraciones de los santos, consideradas por sí mismas, serían más bien una ofensa a la santidad divina que una dulce fragancia para Dios. Nuestro consuelo estriba en que nuestro amado Señor Jesucristo, que intercede por nosotros delante de Dios, posee tal abundancia de preciosos méritos que añade fragancia a nuestras súplicas e imparte delicioso aroma a nuestras oraciones. Hace que nuestra intercesión sea, por sus méritos, lo que no podría ser sin ellos: aceptable ante la Majestad celestial.

Ambrosio, el antiguo padre de la iglesia, ilustraba maravillosamente las oraciones de los creyentes. Decía que somos como un niño pequeño que corre al jardín a cortar flores para ofrecérselas a su padre, pero (por ser tan ignorantes e infantiles), cortamos tantas hierbas como flores, y algunas de aquellas bastante nocivas. Luego, presentamos esta extraña mezcolanza pensando que será aceptable. La madre espera en la puerta y dice: «Cariño, no sabes lo que has recogido». Entonces desata el ramillete, aparta las malas hierbas y deja sólo las flores olorosas; después toma otras flores más fragantes que las anteriores y las inserta en lugar de las hierbas. Luego pone el ramo perfecto en manos del niño y éste corre hacia su padre. Jesucristo también recibe nuestras súplicas, aunque con una ternura más que maternal. Si pudiéramos ver nuestras oraciones después que Él las ha ordenado, apenas las reconoceríamos. Nuestras flores bonitas se vuelven más hermosas en las expertas manos de Jesús. Nosotros las atamos torpemente en un manojo deslavazado, pero Él las dispone en un hermoso ramo en el que cada belleza complementa la de al lado. Si yo pudiera ver mi oración después que el Señor la ha arreglado, descubriría que hay tanto en ella que falta, y tanto que no es mío, que estoy seguro que su plena aceptación no me causaría el menor orgullo. Más bien me haría sonrojar de humilde gratitud delante de Aquel cuya dulzura ilimitada nos prestó su dulzura a mí y a mi pobre oración. Así pues, aunque las oraciones de los santos de Dios sean incienso precioso, nunca serían tan suave fragancia para Él si no fueran aceptadas por el Amado.

Fíjese que la intercesión aceptable y verdadera debe estar compuesta de las oraciones de los santos. «Copas de oro llenas de incienso, que son las oraciones de los santos». No se dice nada de la oración de los sacerdotes u oficiales de la iglesia. Algunas iglesias piensan que lo más importante es que se mantenga una repetición diaria de ciertas voces y sonidos. Esto no lo llevan a cabo personas escogidas por su espiritualidad notoria u oración eficaz, sino oficiales cuyo nombramiento obedece a muy distintos criterios. Y teniendo ciertas palabras ante sí, no hacen otra cosa que, con las reverencias prescritas, pronunciarlas; y haciendo esto, creen que ofrecen a Dios oración aceptable. Si uno se basa en este tipo de oración, cabe esperar que un día no muy lejano la oración a Dios esté gestionada por máquinas. El hecho es que las oraciones vocales no son nada en sí mismas —ya sean verbalizadas o cantadas, leídas o salmodiadas—. Solamente el corazón ora de forma aceptable.

Si la adoración debida a Dios requiriese un azul resplandeciente, no habría más que mirar al firmamento o a lo profundo del mar. Si requiriese lámparas y velas, he ahí la luna, el sol y las estrellas. Si fuese reverenciado con música, sólo habría que oír el trueno tocando redobles de tambor en su imponente marcha. ¿Podrá acaso la mente infinita ser adorada con espectáculos vanos? Oh hijos de la tierra, ¿adorareis así al que cabalga sobre los cielos, delante de quien todos son como langostas? El Señor no acepta los sonsonetes de los funcionarios ni las letanías de los sacerdotes ni los tonos solemnes que emite el órgano, sino sólo las oraciones de los santos. La dulzura radica en la vida, el carácter y el alma del creyente. No hay aceptación a no ser que las oraciones sean ofrecidas por los santos. ¿Y quiénes son los santos?

Los que el Señor ha santificado por el poder de su Espíritu, cuya naturaleza Él ha purificado; los que han sido lavados en la preciosa sangre de Jesús y santificados para sí; los que han sido llenos de su Espíritu y apartados para adorarle. Ellos le aman, le alaban, se arrodillan ante Él con temor reverente, le presentan sus almas en amor y adoración. Sus pensamientos, deseos, anhelos, confesiones, súplicas y alabanzas son dulces para Dios. Todo esto es música para Él, perfume para su corazón, delicia para su mente infinita, y agradable para su sagrado espíritu, porque «Dios es Espíritu; y los que le adoran, en espíritu y en verdad es necesario que adoren» (Jn 4:24). De ninguna otra manera puede ser adorado un Dios que es espíritu.

En materia de intercesión, una de las cosas más importantes es el carácter de la persona. Si vivo en constante pecado y luego digo: «Padre nuestro que estás en los cielos», seguramente podré sentir su mano taparme la boca y decirme: «¿Cómo puedes santificar mi nombre cuando constantemente lo profanas? ¿Cómo puedes decir "venga tu reino" cuando no te sometes a mi soberanía? ¿Cómo te atreves a susurrar delante de mí "hágase tu voluntad, como en el cielo, así también en la tierra", cuando te rebelas contra mi voluntad?». Tales oraciones son un insulto al cielo en vez de agradable perfume ofrecido al Altísimo. Y aunque el que presente intercesión sea hijo de Dios, a menos que mantenga la santidad de su carácter por el poder del Espíritu de Dios, no conservará la eficacia de sus oraciones. Aunque nuestro Padre celestial no escucha las oraciones atendiendo a ningún mérito personal, no obstante está escrito: «Si permanecéis en mí, y mis palabras permanecen en vosotros, pedid todo lo que queréis, y os será hecho» (Jn 15:7).

Si nos apartamos de los mandamientos de Dios, perderemos fuerza para orar, y nuestras peticiones cesarán de recibir respuestas de paz. Es cierto que no hay nada que debilite tanto la oración como el pecado y que para ser un hombre como Elías, que logró triunfar con Dios en el monte Carmelo, uno debe de andar en los caminos del Señor, porque si anda en camino contrario, Él andará en contra de uno. En los tazones de oro, el incienso perfumado no son las oraciones de los hipócritas o formalistas, sino las de los santos. Debemos, por el poder del Espíritu, mantener la santidad de carácter; debemos apartarnos de la mundanalidad y de la codicia; debemos apartarnos de la inmundicia, el enojo, la ira y toda cosa mala, de lo contrario no podremos presentar al Señor la suave fragancia que Él desea recibir.

Estas oraciones deben estar compuestas de *dones preciosos*, comparables al incienso, y el incienso que se usaba en el templo estaba compuesto de diversas especies aromáticas «según el arte del perfumador» (Ex 37:29). El estacte, la uña y el gálbano aromáticos se mezclaban, en igual peso, con incienso puro molido en polvo fino. Lo que agrada a Dios no son las palabras que se usan para orar (aunque deben usarse las palabras apropiadas). La fragancia no consiste en ninguna cosa perceptible a los sentidos externos, sino en las cualidades secretas comparables a la esencia y el aroma de las especies olorosas. Del incienso expuesto a las brasas brota una esencia sutil, casi espiritual, que esparce su aroma latente hasta impregnar todo el ambiente. Lo mismo sucede con la oración. Las oraciones pueden ofrecer hermosa apariencia y aparentar devoción modélica, pero a menos que haya en ellas una fuerza espiritual secreta, son pura vanidad. La fe debe formar parte de la fragancia de la oración. Cuando oigo a una persona orar no soy capaz de discernir si lo hace con fe, pero Dios percibe la fe o la ausencia de ella, y la oración es recibida o rechazada según sea el caso.

Asimismo, en la oración debe de estar presente el verdadero incienso del amor. ¿Cómo puedo orar como un niño a un padre a quien no amo? Si mi corazón está frío para con Dios, mi oración será un témpano de hielo. Además, es necesario que la gracia de la humildad esté mezclada con otros ingredientes, porque el que no ora humildemente no será más justificado que el fariseo. Hubo mucha preciosa fragancia en la oración del publicano, ya que no se atrevía a levantar los ojos al cielo, sino que se golpeaba el pecho diciendo: «Dios, sé propicio a mí, pecador» (Lc 18:13). Este ingrediente debe abundar en toda oración.

Pero no puedo especificar todas las especies necesarias para componer el incienso de la oración aceptable. Permítame recordar que el incienso del templo estaba preparado «según el arte del boticario». Bendigamos a Dios porque el Espíritu Santo es el boticario del creyente. Sólo Él conoce la debida proporción de cada ingrediente: cuánta fe, cuánto amor, cuánto arrepentimiento y cuánta humildad debe contener toda súplica. Él ayuda a cada creyente en sus debilidades y le prepara una mezcla de gracias escogidas, para que cuando ore, sus súplicas sean aceptadas como incienso agradable. Son aceptadas porque contienen una amalgama armoniosa de todas las cosas que agradan al Señor.

Observemos también que para que este incienso sea aceptable delante de Dios debía *ser quemado.* Ya podía ser el mejor incienso del mundo, bien compuesto y repartido en copas de oro, pero Dios nunca lo aceptaba hasta que se quemaba. Se deben tomar del altar carbones encendidos y colocar sobre ellos las especies para que la nube de dulce fragancia ascienda hacia el cielo. Aquí es donde fallan las oraciones de muchos. Son correctas, pero frías; excelentes, pero exánimes. Carecen de vida, vigor, fervor y fuego. Algunos suplen esta carencia con ruido y entusiasmo, pero es inútil. Sólo el Espíritu Santo puede imbuirnos auténtica pasión.

Confieso que muy a menudo he orado en público y no he esgrimido la violencia santa que conquista el cielo. En nuestras reuniones de oración he oído súplicas excelentes que sólo fallaron en esto: el fuego del cielo no las había encendido. ¡Cuántas veces, en familia, hacemos las peticiones acostumbradas, oramos por nosotros, por la iglesia, por los perdidos, etcétera, y después seguimos nuestro camino! Nos arrodillamos mecánicamente, permanecemos tal cual y nos levantamos impulsados por la rutina. Y aunque la oración sea real, no obstante me temo que no hay en ella más corazón que si la hubiésemos leído de un libro.

Recuerde bien la verdad de que ninguna oración sirve de nada a menos que un fuego santo la consuma. Hemos de encender carbones ardientes. He oído oraciones a base de frases quebradas, fragmentadas, mal ensambladas, pero el que las presentaba estaba vivo, y he bendecido a Dios diciendo: «Amén, amén, que el Señor escuche la petición de este hermano». ¿No se ha puesto usted a orar y sentido que sólo tenía un motivo en su corazón pero que le pesaba gravemente? Y no pudo hilvanar ni elaborar una oración, aunque fuera a salvar su propia vida, porque sentía verdadera aflicción acerca de un único asunto. Pero esa única petición brotó de toda su alma y usted sabe que fue escuchado. Que el Señor nos enseñe a orar con fervor. Que envíe su fuego y la llama celestial de su espíritu —espíritu de gracia y de súplica— y que los santos sepan cómo orar, porque debemos añadir fuego e incienso.

Además de quemarse el incienso era necesario que *ascendiera* para ser aceptable. Si el viento soplaba el humo del incienso hacia abajo, esparciéndolo por doquier, habría sido un mal presagio. Pero Dios aceptaba el incienso que ascendía como una columna vertical, que se elevaba hasta que parecía confundirse con las nubes y se perdía en el espacio. Así también nuestra intercesión —cuando es dulce perfume para Dios— sube directamente hacia Él. ¿Suben así siempre sus oraciones? ¿Nunca oró de esta manera: «¡Qué expresión más acertada he conseguido articular! Mis compañeros espirituales concordarán y pensarán: "*Qué hombre tan espiritual es éste que ora de ese modo?*"». En este caso el humo se extenderá hacia abajo, hacia las narices de los hombres y no hacia Dios. ¡Qué desperdicio tan superfluo! Dios acepta la oración que a Él solo es ofrecida. El que la presenta no se preocupa ni un comino si gusta o no gusta a alguien. Él está hablando con su Dios, rogando a la Majestad invisible. No le importa en lo más mínimo las críticas de los demás. Su único deseo es agradar a Dios. Las oraciones de las iglesias nunca serán aceptadas delante de Dios hasta que suban a Él directamente, cuando sólo respeten al invisible.

La cuestión vuelve a resonar: ¿Por qué son las oraciones de los santos tan agradables para Dios? Respondemos que, en parte, porque son obra de su Espíritu. No hay oración aceptable en el mundo, sino la que es inspirada por el Espíritu Santo. El Espíritu Santo conoce el pensamiento de Dios, y lo escribe en la mente de su pueblo: «Mas el que escudriña los corazones sabe cuál es la intención del Espíritu, porque conforme a la voluntad de Dios intercede por los santos» (Ro 8:27). Cuando Dios ve su propia voluntad reflejada en el corazón de sus hijos, no puede dejar de aceptar la obra de su Espíritu.

Las oraciones de sus santos le son también aceptables porque son las súplicas de su Hijo. Los santos son miembros del cuerpo de Cristo, y cuando ellos claman, Él clama con ellos. La fuerza misma de sus ruegos estriba en lo siguiente: en que ellos invocan los méritos de Jesús y el Señor se deleita en que le recuerden las excelencias de su Hijo. Es un tema que deleita a su ser. Puede llamar a esa puerta tanto como quiera. El Padre nunca se cansará de oírle llamar. Dígale lo que ha hecho su Hijo. Recuérdele Getsemaní. Recuérdele la cruz del Calvario. Háblele de la promesa de su Hijo: que verá su simiente y recibirá plena recompensa. Usted no puede en modo alguno desagradar a Dios insistiendo en este tópico. Aférrese a Él con la resolución de un Jacob y dígale: «No te dejaré si no me bendices, porque te lo ruego en el nombre y por los méritos de tu Hijo Unigénito». Todo lo que se refiere a Cristo es agradable para Dios, y dado que las oraciones de los creyentes están llenas de Cristo, le son muy agradables.

Las oraciones de los santos son agradables a Dios porque le honran, y de muchas maneras. En primer lugar, afirman su existencia. Al orar, el pueblo de Dios declara (mejor que por cualquier otro medio) su firme creencia de que Dios es, porque ¿cómo habría de orar a Uno que no existe? Por lo cual, la oración a Dios es la continua afirmación de que «el Señor es bueno». Las peticiones y la esperanza de recibir mercedes especiales equivalen a declarar que se cree en un Dios vivo, un Dios consciente que actúa, un Dios cercano siempre dispuesto a escuchar la voz de sus criaturas y capaz de cumplir los deseos humanos. Por todo ello, es muy agradable para Dios que creamos y testifiquemos que Él es, y que es galardonador de los que diligentemente le buscan (Heb 11:6).

¿Y si dijera que la oración es en su misma esencia una doxología? Es una glorificación a Dios en sus atributos. ¿Le pido que me bendiga? Entonces adoro su poder, porque creo que Él puede hacerlo. ¿Le pido que me bendiga? Entonces, adoro su misericordia, porque confío y espero que lo Él hará. ¿Le pido que me bendiga reclamando tal o cual promesa? Entonces adoro su fidelidad, porque, evidentemente, creo que Él es digno de confianza y hará lo que ha prometido. ¿Le pido que me bendiga no conforme a mi petición, sino a su sabiduría? Entonces adoro su sabiduría; porque, obviamente, creo en su juicio y en su prudencia. Cuando le digo: «No se haga mi voluntad sino la tuya», adoro su soberanía. Cuando confieso que merezco sufrir bajo su mano, reverencio su justicia. Cuando reconozco que Él siempre hace lo que es justo y recto, adoro su santidad. Cuando digo humildemente: «A pesar de todo, ten misericordia de mí y borra mis transgresiones», reverencio su gracia. No es, pues, extraño que a través de Jesucristo las oraciones de los santos sean preciosas para Dios, ya que representan un homenaje eminentemente práctico al Ser Supremo.

Pero la mejor razón que se puede aducir respecto a que a Dios le encanta escucharnos orar tiene que ver con nuestro propio corazón. A usted le encanta escuchar a sus hijos hablar. Sabe muy bien cuando su hijita necesita un vestido nuevo o su hijito libros para la escuela, pero le gusta que sientan sus necesidades y reconozcan que su padre las puede cubrir. Y le encanta oírles expresar sus deseos. A veces, se detiene a preguntarles:

«¿Por qué crees que debiera darte estas cosas?» Se hace de rogar porque le gusta escuchar sus vocecitas, y que le rodeen el cuello con sus brazos, y le besen. Les hace creer que le han convencido con sus lindos razonamientos y tiernos abrazos, y que esto es agradable tanto para usted como para ellos. Nuestro Padre celestial está muy por encima de nosotros; con todo, nos invita a conocer su carácter a partir de nuestro propio sentimiento paternal. «Pues si vosotros, siendo malos, sabéis dar buenas dádivas a vuestros hijos, ¿cuánto más vuestro Padre celestial dará el Espíritu Santo a los que se lo pidan?» (Lc 11:13). El Señor declara que nos trata como a hijos. Y aunque también dice: «¿Qué hijo es aquel a quien el padre no disciplina?» (Heb 12:7), no creo que la semejanza de la paternidad de Dios con la de un padre terrenal se limite a la corrección o la disciplina. El texto no puede quedar reducido al enojo y al mal humor. La paternidad de Dios se asemeja a la terrenal porque Él atiende a nuestro clamor. A Dios le encanta tener comunión con su pueblo, que sus hijos hablen con Él con el corazón abierto. Se deleita en escucharles presentar sus necesidades y deseos ante Él, que justifiquen su caso con razonamientos y que prevalezcan. Por tanto, nunca sea negligente ni tardo en sus ruegos, porque agradan a Dios cual incienso fragante.

Las oraciones conjuntas son especialmente aceptables

«*Las oraciones de los santos.*» Las oraciones de un *santo* son dulces, pero más aún lo son las de los santos. Las oraciones unidas tienen la fuerza de la armonía. En música, puede haber melodía en cualquier nota, pero todos reconocen un encanto peculiar en la armonía. Las oraciones del santo son melodía para Dios, pero la intercesión de muchos componen armonía, y la armonía de las oraciones de su pueblo son muy agradables para Dios.

No hay dos hijos de Dios que oren de igual manera. Hay en ellos diferencia de tono. Si Dios le ha enseñado, la oración de su hijo le será grata, pero una oración tendrá lo que a otra le falte. Aunque todos los frutos del huerto sean exquisitos, cada uno tiene un sabor especial. Todas las campanas pueden ser de plata, pero cada una producirá un tono distinto. Algunos hermanos cuando oran se explayan tiernamente en el deshonor que causa a Dios el pecado. Oran como si se les partiera el corazón y sollozan en cada frase que pronuncian. «Oh Dios, se entronizan ídolos ante tu trono, se deshonra a Jesús, se quebranta la ley, se desprecia el evangelio». Tan amorosa contrición por los pecados ajenos se derrama en lamentos sazonados con matices suaves, graves, de mágico poder. Escuche a otros y verá que sus oraciones se entonan en otra clave. Un hermano ora con la plena seguridad de que el reino de Dios está establecido sobre las montañas, cuyos cimientos jamás podrán ser removidos. Aunque los paganos se enfurezcan y los pueblos imaginen cosas vanas, con todo el pueblo de Dios y su propósito permanecerá, y Dios llevará a cabo todo lo que le plazca. Al oír tales peticiones —claras e intrépidas como el sonido de una trompeta— uno siente que la voz de la fe es vencedora y melodiosa. El suplicante no duda de la victoria de Dios y ora en ese espíritu.

Si esos tonos diversos se combinan en uno solo, ¡qué armonía tan hermosa se obtiene! Por lo cual, el Señor promete grandes cosas cuando dos se ponen de acuerdo respecto a algún asunto del reino (Mt 18:19). Pero llega un tercer peticionario y su tono difiere de los otros dos. El mismo espíritu de oración está en él, pero su voz es distinta. Inclinado, con un sentido de temor reverencial en la presencia de Dios —el Dios de toda la tierra—, parece medir cada palabra que articula exclamando: «Oh Dios, ¿no te han de temer las naciones? Siendo Tú el que eres, ¿no temblarán en tu presencia? ¿No serás su Rey, Creador y Preservador de todas las cosas?». Como el querubín, se cubre el rostro en presencia de la excelsa gloria; su oración conduce solemnemente a los oyentes a la presencia de Dios, donde caen postrados. Pero observemos a una cuarta persona, cuya oración pertenece a otro molde. Es amigo del Señor y se apaña para hacer converger su sentido de lo sublime con el de la condescendencia, hablando de esta guisa: «Oh Señor, Padre mío, Tú amas a los hijos de los hombres, ¿No saldrás a recibir a tus hijos pródigos que vuelven a ti? ¿No has acaso entregado a Jesucristo para ser uno entre nosotros y comprar vidas humanas con su preciosa sangre? ¿Y no vendrás a ellos y los estrecharás contra tu pecho para hacerlos tuyos?». Cuando este hermano invoca a Dios, parece acercarse a Él y decirle: «Te ruego que tengas misericordia de mis hermanos».

Hay gran bendición en cada una de estas oraciones. No sé cuál de ellas prefiero, pero sé que si consigo combinarlas —el temor reverencial, la santa intrepidez, la familiaridad con Dios y la percepción de la soberanía del Hacedor— hallo que una asombrosa dulzura desborda en mi corazón. ¿Oyó usted alguna vez una oración de las que mueven el corazón de Dios en el desierto? Me refiero a la oración de Moisés cuando dijo: «Te ruego… que perdones ahora su pecado, y si no, ráeme ahora de tu libro que has escrito» (Ex 32:31, 32). Ésta es la oración de abnegación, cuando el orante siente que estaría dispuesto a «empeñar su alma para salvar a su pueblo; a perderse a sí mismo para redimir a su nación». Esto es orar a lo grande: no todos pueden remontarse a esas alturas. Si esta fuera la única oración que se articulara, resultaría monótona, por falta de extensión. Pero si se mezclan todas esas oraciones —las tiernas y osadas, las reverenciales, las familiares, las importunas y las abnegadas— se llenarán los tazones de oro de suaves fragancias.

Por lo que a mí respecta, me gusta oír en las reuniones las oraciones de los ancianos. Las reuniones de oración de nuestra iglesia han echado en falta recientemente la pérdida de un querido santo cuyas oraciones solían ser meollo y grosura para nuestras almas. Las oraciones de los creyentes que están a punto de llegar al cielo son para nosotros como ángeles pilotos que nos conducen hasta las puertas nacaradas. También es muy agradable oír las oraciones de la gente joven, e incluso las de los niños, porque cuando hablan delante del Señor dan muestra de una simplicidad encantadora y de una franqueza no fácil de encontrar. Y luego están las oraciones de los de edad mediana, llenas de problemas apremiantes y rebosantes de gozo, que desprenden un aroma peculiar. Yo creo que a Dios le encanta oírlas todas mezcladas en los tazones de oro.

¿Y si dijera que a Dios le gusta que su pueblo sume las peculiaridades varias de sus oraciones? Como calvinista, recalco que nuestros amigos arminianos oran maravillosamente. Difícilmente percibo diferencia alguna entre ellos y nosotros, pero no cabe duda que ambos bandos vemos de distinta manera ciertos aspectos de la verdad. Las diversas constituciones cristianas afectan en alguna medida a sus oraciones, pero cuando se mezclan, proporcionan una peculiar armonía y fragancia al incienso.

Es también delicioso pensar que en los tazones de oro se derraman las oraciones de distintas nacionalidades. Siempre me encanta oír las oraciones de nuestros hermanos franceses. Destilan ternura y amor filial, una afectuosa gentileza realmente deliciosa. Nuestros amigos estadounidenses, tan audaces y sanguíneos, también nos deleitan con su confianza en Dios. Sus oraciones compensan un poco la timidez de la expresión francesa. Después, nuestros hermanos alemanes, con su profunda manera de pensar y su costumbre de llegar al fondo de las cosas, con cuánta solidez presentan sus súplicas. Lo mismo cabe decir de los hermanos de muchos países. ¡Qué amalgama escogida conforman! He estado presente en reuniones de oración en las que he oído implorar a varias nacionalidades y me he regocijado de corazón. Creo que las oraciones combinadas de muchos pueblos y lenguas producen una armonía peculiar para Dios.

Mire ahora retrospectivamente y piense en las oraciones de todos los siglos depositadas en el tazón de oro. Las oraciones de los apóstoles, el clamor de los tiempos de persecución, los combates de los solitarios medievales, los gemidos de los valdenses en los valles y montañas del Piamonte, las súplicas de los reformadores y puritanos —todas recogidas en el tazón de oro, todas con carbones encendidos sobre ellas, llevadas de la mano del gran Ángel del Pacto puesto en pie por ellos delante del trono, rogando a Dios en favor de su pueblo. Gocémonos, las oraciones combinadas de la iglesia son muy dulces para el Dios Eterno.

Mezclemos nuestras oraciones

Si la oración unida es dulce para Dios, ofrezcámosle mucha. No podemos hacer que Dios sea más feliz de lo que es en realidad, porque Él es infinitamente feliz. No obstante, si hay algo que a Él le agrade y le satisfaga, abundemos en ello. ¡Oh iglesia de Dios!, clama a Él de día y de noche. Si tu voz de esposa es dulce a sus oídos, no vuelvas tu rostro ni apagues tu voz, sino clama. Incluso en las vigilias de la noche, derrama tu corazón como agua delante del Señor.

Me temo que fallamos mucho en la devoción porque no le damos la importancia debida. Creo que el sermón es una parte muy importante de la devoción, pero no es lo único importante. He oído a amigos hacer comentarios sobre la oración y los cánticos como si éstos sólo fueran un trámite preliminar que hay que sortear. Pero la oración es el objeto de la predicación. La predicación es solamente el tallo, mientras que la verdadera espiga es la devoción que se ofrece a Dios. Ocupémonos en la oración, y entendiendo que Dios se agrada de ella, ofrezcámosela más y más. Recuerde que si lo hacemos hallaremos bendición para nosotros mismos. Cuanto más oremos, más querremos orar. Cuanto más oremos, más podremos orar. Cuanto más oramos, más oraremos. El que ora poco orará menos, pero el que ora mucho orará más. Y recuerde que la oración es eficaz para con Dios. Deseamos que las almas se salven. ¿No sentimos fastidio de vivir en un mundo con tantos que se van al infierno? ¿No es terrible pensar que a pesar de todo lo que hace la iglesia se pierden miles de personas cada día? Debemos afanarnos por las almas de los hombres y no podemos hacer por ellos nada mejor que orar. Incitémonos, pues, a orar.

En el octavo capítulo de Apocalipsis un gran ángel, puesto en pie delante de Dios con el incensario de oro en la mano, lleno de las oraciones de los santos, lo levanta y el humo sube hasta Dios. Pero después de un tiempo, cuando el incienso se ha quemado del todo, lo toma y lo llena de carbones del altar; y cuando vacía el incensario sobre la tierra, se producen truenos, y voces, y relámpagos, y un terremoto. Cuando el incensario de la iglesia de Dios esté rebosante de oración y esta oración se haya presentado al Señor, Él comenzará a actuar. Y el incensario que ha sido un arma delante del Señor para prevalecer eficazmente, se volverá un arma eficaz contra los hombres. Dios lo llenará de carbones y los derramará sobre la tierra. Entonces se manifestará su poder. Y saldrán voces: se levantarán predicadores por acá y por allá, voces que denuncien la opresión, voces que clamen contra las religiones falsas, voces que prediquen la verdad, voces que confiesen a Cristo. Entonces se oirán truenos porque el Evangelio irá acompañado de la voz de Dios, más potente que la voz del hombre. Entonces relumbrarán esos relámpagos, porque la luz del poder y de la verdad de Dios se manifestará con majestad, y los corazones de los hombres serán afligidos y obedecerán. Entonces la sociedad será sacudida con terremotos, hasta que se tambaleen y se hundan los tronos de los déspotas, hasta que las viejas costumbres sean pulverizadas, hasta que la tierra que no se podía arar con el Evangelio sea desmenuzada con la secreta repugnancia del Dios Eterno.

Sólo tenemos que orar y todas las cosas nos serán posibles. Ore. Usted tiene la llave para abrir el portón del cielo —introdúzcala y hágala girar hasta que se abra—. Ore, porque la oración sujeta la cadena que ata al dragón antiguo. La oración puede sujetar y detener al mismo Satanás. Ore. Dios le ceñirá de omnipotencia si sabe cómo orar. No fallemos aquí; que el Espíritu de Dios nos fortalezca; y a Dios sea la gloria por los siglos de los siglos.